북한 급변사태와 우리의 대응
Contingency Plan for North Korea's Crisis

박관용 외 지음
21세기국가발전연구원(NDI)·고려대학교 북한학연구소 엮음

국립중앙도서관 출판시도서목록(CIP)

북한의 급변사태와 우리의 대응 / 지은이: 박관용 외 ; 엮은이
: 21세기국가발전연구원, 고려대학교북한학연구소. -- 파주 :
한울, 2007
    p. ;   cm. -- (한울아카데미 ; 919)

ISBN 978-89-460-3664-2 93340

340.911-KDC4
320.9519-DDC21   CIP2007000182

■ 발간에 부쳐

    21세기국가발전연구원(National Development Institute, 이하 NDI)은 1996년 10월 평생을 공직에 봉사해왔던 장·차관급 퇴직자들이 국가발전과 사회 안정에 마지막 힘을 보태기 위해 설립했다. 지난 10년 동안 부침도, 시행착오도 있었고, 당초의 창립 포부가 세월과 인심으로 많이 쇠락했다. 그렇지만 국가와 민족을 위한 뜨거운 열정에는 변함이 있을 수 없다.
    NDI는 특정화된 연구 분야에만 집중하는 통상적인 연구단체가 아니다. 정부 각 부문에서 적어도 30년 이상을 봉직한 국정운영 경험을 통해, 국내외 각 연구단체의 부분적이고 특수화된 연구결과물을 국가정책의 큰 틀에서 조율하고 조정하여 국정 전반에 활력을 제공하는 동시에 국정의 균형과 안정을 회복하는 데 설립 의의를 두고 있다. 따라서 항상 잘하는 부분보다는 미진하거나 부족한 부분에 시선을 집중하는 것이 당연한 현상이다.
    상술하지 않아도 우리에게는 통일과 북한 문제가 매우 중요하고, 연구도 매우 적극적이며 활발하다는 것은 주지의 사실이다. 그러나 1998년에 들어선 정권부터 이 연구 풍토에 바람직하지 못한 바람이 불고 또 불균형한 방향으로 오도되어, 연구의 적실성을 잃은 것은 물론이고 국가와 민족의 생존에 직결된 더욱더 중요한 과제를 간과하는 중대한 과오를 범하고 있다.

특히 급변사태를 대비하기 위한 연구는 국가사회의 생존을 위해 필수적인 과제이고, 국가를 유지하는 이상 최소한의 임무임에도 불구하고 거대담론의 관념론에 매몰되어 제 위치를 찾지 못하고 있다. 남북 양측의 정치, 경제, 사회, 문화 모든 분야에서 질서를 급격하게 변화시키는 상황은 모두 급변사태로 정의해야 할 것이다. 무엇보다 핵실험 이후 북한체제의 위기 상황은 북한 사회뿐 아니라 우리의 국가사회 전체를 급격히 변질시키고 나아가 동북아 지역 전체의 균형에도 심대한 영향을 미칠 것이 분명하다.

지난 수년 동안 NDI는 현재 우리 사회가 가장 시급히 검토해야 할 사안임에도 불구하고 놓치고 있는 것이 무엇이며, 가까운 미래에 우리가 당면할 최대 위기가 어디에서 비롯될 것인가에 대한 심도 있는 숙의를 거듭한 결과, 향후 3년 동안 집중적으로 연구해야 할 중점 과제로 '북한 급변사태 연구'를 설정했다. 구체적이며 장기적인 연구계획을 수립하기에 앞서 많은 사람들에게 이 과제의 중요성과 절박함을 알리고자, 먼저 개원 10주년을 기념하는 학술회의를 개최하게 되었다.

이 책은 NDI가 제기한 문제의식에 따라 2006년 9월 20일 고려대학교 북한학연구소와 공동 주최하고 전국경제인연합회와 동아일보사가 후원하여 고려대학교 100주년기념 삼성관에서 개최한 학술회의 '북한의 급변사태와 우리의 대응'의 발표 논문과 주요 토론 요지를 정리한 것이다. '북한 급변사태 연구'가 비로소 시작되었다. 그러나 세부적이며 구체적인 실천방안에 대한 논의보다는 급변사태에 대한 개념적 인식, 위기를 기회로 전환시켜야 한다는 전략적 발상의 중요성 등 개괄적이며 거시적인 문제 제기에 머무른 아쉬움이 있다.

그러나 NDI가 우려한 것보다는 훨씬 많은 사람들이 국가와 사회의 미래를 걱정하고 있고, 위기를 기회로 만들기 위해서는 급변사태와 같은 위기대응 계획이 매우 중요하다는 사실에 열렬히 공감했다. 심지어 준비한 자료집이 학술회의 진행 중 동이 났고, 계속해서 자료 요청이 쇄도하므로 발표문을 묶어 책으로 발간하게 되었다. 이 책이 우리 사회 안보의 중요한 지침을 마련하는 데 조금이나마 도움이 되기를 바란다. 그리고 통일과 북한 문제 인식에 대해 우리 사회가 균형감을 회복하는 데 참고가 되길 바란다.

NDI는 '북한 급변사태 연구'에 대한 국가·사회적 동의가 모였다고 보고, 앞으로 국내의 역량 있는 연구기관과 연구 인력을 통해 각론을 더욱 발전시켜나갈 것이다. 아울러 국제협력의 중요성을 감안하여 미국, 일본, 중국, 러시아 등과도 공동 연구를 진행해나갈 계획이다. 관심 있는 분들의 많은 성원을 당부드린다.

2006년 12월
NDI 원장 김석우

■ 책머리에
북한 급변사태 연구의 필요성

　독일통일의 아버지라 일컫는 빌리 브란트 전 수상이 1989년 6월 한국을 방문한 적이 있다. 독일통일에 대한 전망을 묻자 브란트 수상이 답하기를 "나는 통일이 되는 것을 보고 죽었으면 하지만 빨리 이루어질 것으로 보이지는 않는다. 미군과 소련군이 주둔하는 데다 주변국들이 반대하고 있기 때문이다. 이런 상황이라면 한국이 먼저 통일될 것 같다"고 했다. 그러나 바로 그해 11월에 브란덴부르크 장벽이 무너지고 독일은 통일되었다.

　우리의 분단구조가 언제 어떤 형태로 흔들리고, 어떤 방법으로 통일로 이어질지는 아무도 모른다. 그러나 확실한 것은 그런 사태가 닥쳤을 때 충분한 사전 준비가 없다면 그 기회를 살리지 못한 채, 혼란만 가중되어 우리 민족은 또 다시 불행을 맞이하고 말 것이다.

　1994년 7월 김일성 주석이 남북정상회담을 얼마 앞두고 사망했다는 소식을 접했을 때 북한 문제에 적지 않은 관심과 시간을 쏟은 필자뿐만 아니라, 관련 모든 정부 부서가 당황했고 무엇부터 어떻게 대비를 해야 할지를 알지 못했다. 그때 필자는 이런 경우를 대비한 비상사태 대비 문건을 찾아보고는 적잖이 실망했다. 상식 이상의 내용은 없고, 그저 비밀 문건으로 보관한 서류 뭉치에 불과했다.

분단구조를 관리한다는 것은 국가안보와 직결되며 민족의 운명과도 직결된다. 위기관리는 평소에 철저히 준비되어 있어야 한다. 현재 동북아 정세는 급격히 변화하고 있고 그 한가운데 한반도가 자리 잡고 있다. 북한이 처한 상황을 보면 예측을 뛰어넘는 급변사태로 발전할 요인이 도처에 산재해 있다.

한반도 위기는 북한이 변화와 개방을 거부한 채 대량살상무기를 개발하고 미국을 비롯한 국제사회에 정권 생존을 위한 벼랑끝전술을 구사하고 있기 때문에 더욱 격화되고 있다. 북한에 닥칠 사태는 곧바로 한국의 위기로 이어질 것이다. 그러므로 우리는 급변사태 과정에서 발생할 수 있는 위험 요인을 점검해야 한다.

그런데도 정부는 해야 할 일은 안 하고, 하지 말아야 할 일만 끄집어내어 국론을 분열시키고 있다. 이 시점에서 효과적으로 북한을 관리하기 위해 대외적으로 국제 공조체제를 구축하고 다져나가야 한다.

만약 북한이 급변사태를 맞이했을 때, 미국과 중국이 다른 주장을 한다면 사태가 매우 심각해질 수도 있다. 독일통일 과정에서 보았듯 확고한 한·미 간 신뢰를 기반으로 미국, 중국, 일본과 긴밀한 협조 관계를 유지해야 한다. 북한 사회의 질서 유지, 군과 핵무기 관리, 새로운 체제 문제 등에 대해 신중하게 대책을 마련해야 한다.

물론 급변사태에 대한 대비책은 그 성격상 그때그때 상황을 고려하여 시나리오 방식으로 만들어갈 수밖에 없기 때문에, 정세 변화에 따라 지속적으로 고쳐나가야 하고 관련 부서가 시나리오에 따른 각자 역할을 숙지하고 있어야 한다.

2005년에 한반도 급변사태를 놓고 한·미 간에 '작전계획 5029' 협의 과정에서 주권 논쟁이 벌어졌다. 비상 상황에 대비한 공동 작전과 공동 대응을 주요 내용으로 한 논의에서 개입 주체를 놓고 양국은 이견을 좁히지 못해 협의가 무산되었다. 급변사태가 닥칠 경우 매우 복잡한 과정을 거칠 것으로 예상되기 때문에, 구체적이고도 현실적인 접근을 해야 한다.

2006년 10월 9일에 일어난 북한 핵실험 이후 남북한을 비롯한 동북아의 모든 균형 관계가 한때 혼돈에 빠졌다. 이 역시 명백한 급변사태임에도 불구하고 현 정부는 어떤 대응책도 마련하지 못하고 있다. 참으로 안타까운 현실이다.

국제정치란 매우 복잡한 역학관계에 놓여 있다. 따라서 우리의 뜻대로 진행될 수만은 없다. 2차대전이 끝나고 우리가 독립국가를 수립할 때 어느 누가 분단을 걱정했는가? 그러한 역사적 경험을 잊어서는 안 된다. 통일로 가는 과정에는 주변 강대국이 개입할 가능성이 높다. 특히 중국은 어떤 형태로든 개입할 것이고, 한·미 간 조율에 실패할 경우에는 미국도 분명히 독자적 개입을 할 것으로 보인다.

북한은 지난 수십 년 동안 핵개발, 미사일 개발 등을 외교적 지렛대로 이용해 왔다. 그러나 핵실험 이후 촉발된 유엔의 즉각적인 대북제재 결의로 이제는 외교적 수단으로서의 핵의 효용도 소진되었고, 북한은 국제적 고립만을 자초했다. 이런 중에 한미 양국은 북한에 대한 인식이나 북한 핵 문제 대처방안 등을 두고 견해를 매우 달리하고 있기 때문에 돌이킬 수 없는 상황으로 치닫고 있다.

북한은 선군정치와 강압통제 없이는 더 이상 질서 유지가 어려운 병영국가로, 이제 한계점에 다다랐다고 볼 수 있다. 우리 정부는 근거 없는 희망에 매달려 북한을 자극해서는 안 된다는 구실만 내세우면서, 예상되는 급변사태에 대한 용어마저도 쓰지 못하게 하고 있다. 국가안보 차원에서 볼 때 참으로 무책임한 행동이다. 이제 국민적 차원에서 문제를 제기하고, 적극적 토론을 유도해야 한다고 본다.

독일통일 과정에서 보았듯이 분단국가가 통일정책을 추진할 때에는 분명한 철학과 원칙이 있어야 한다. 그런데 우리 사회에는 무조건적으로 통일만 되면 좋다는 식의 위험한 통일지상주의가 널리 퍼지고 있다. 우리 민족끼리 해결한다는 생각, 외세를 배격하고 자주적으로 통일하자는 막연한 정서가 확산되고 있다.

그렇다면 인민민주주의식 통일이어도 좋다는 것인지를 묻고 싶다. 자유민주주의와 인권이 말살되더라도 통일만 되면 좋다는 것인지 묻지 않을 수 없다.

그리고 대북정책과 안보정책은 엄격히 구분해야 한다. 무조건 대화만 이어가자는 것이 현 정부의 목표이고 전략인 것 같다. 지난 10년 동안 북한 당국이 대남 혁명역량을 높이기 위해 우리에게 요구한 사항이 이제 남한에서는 거의 모두 수용되었다.

반미 감정, 미군 철수, 보안법 폐지, 팀스피리트 훈련 중단, 핵무기 철수, 전방의 심리전 방송시설물 철거, 장기수 송환 등. 이뿐만 아니라 이제 연방제 안까지도 사실상 수용되었다.

지금 온 국민이 불안과 혼란에 싸여 있음은 너무나도 자명하다. 이 책이 미래의 급변하는 상황에 우리 민족이 적절히 대응할 수 있는 역량을 기르는 데 작은 시작이 되기를 바란다.

2007년 1월
NDI 이사장 박관용

차례

3_ 발간에 부쳐
7_ 책머리에: 북한 급변사태 연구의 필요성 | 박관용

13_ 제1장 정치·외교 분야에서의 북한 급변사태: 유형과 대응 방안 | 유호열
17_ 1. 사회주의 대전환과 북한
20_ 2. 북한의 정세와 급변사태 유형
30_ 3. 북한 급변사태에 대한 주변국의 대응
42_ 4. 북한 급변사태 발생 시 우리의 대응
49_ 질의응답
56_ NDI 평가

57_ 제2장 북한 급변사태 시 군사 차원 대비 방향 | 백승주
57_ 1. 문제 제기
59_ 2. 예상되는 북한의 급변사태
64_ 3. 북한 급변사태와 국제법
73_ 4. 제3국의 군사개입 상황과 유형
78_ 5. 군사 차원의 대비 방향
80_ 6. 맺음말
82_ 질의응답
89_ NDI 평가

91_ **제3장 한반도 급변사태와 우리의 효율적 대응 방안:
경제 분야를 중심으로** | 남성욱

91_ 1. 머리말
95_ 2. 급변사태 발생과 남북의 경제적 혼란: 위기인가 기회인가?
100_ 3. 경제 위기에 따른 북한 난민 대책과 경제 안정화 방안
: 조기 수습이냐 혼란이냐?
111_ 4. 한국 경제 안정화 방안: 충격을 최소화하라
120_ 5. 맺음말
123_ 질의응답
128_ NDI 평가

129_ **제4장 북한의 급변사태 시 사회·문화 부문의 대응책** | 서재진
129_ 1. 머리말
131_ 2. 급변사태의 개념·정의
133_ 3. 북한에서 급변사태의 개연성
141_ 4. 급변사태 시 사회·문화 부문 대응책
149_ 5. 새 정권 출범 이후 대비책의 기본 방향
151_ 6. 남북통합을 위한 장기적 차원의 사회·문화 부문 대책
155_ 질의응답
163_ NDI 평가

165_ **종합토론: 격심한 동북아 정세 변동과 한반도의 생존전략**
| 제성호·남주홍·안드레이 란코프·홍정표·김성민

189_ **CONTINGENCY PLAN FOR NORTH KOREA'S CRISIS**
190_ List of Contributors
196_ Contents
199_ Acknowledgement

제1장
정치·외교 분야에서의 북한 급변사태:
유형과 대응 방안

유호열 | 고려대학교 행정대학원장

2000년 6·15정상회담에서 남과 북은 평화공존과 교류협력에 합의했고 그 후 당국 간 각종 회담을 비롯하여 남북 교류협력이 다각도로 활성화되었다. 분단 후 최초로 개최된 정상회담은 물론이고 이 회담 이후 성사된 대부분의 남북교류와 협력사업은 북한에 대해 일방적인 물질적 지원과 김대중 정부 수립 이후 일관되게 추진한 햇볕정책에 기인한다. 햇볕정책은 무력 도발 불용, 흡수통일 포기와 교류협력의 확대라는 3대 기조하에 추진되었고 이러한 정책 기조는 노무현 정부의 대북정책인 한반도 평화번영 정책에도 그대로 계승되고 있다. 이 같은 정책 기조는 한반도의 평화안정을 위해서 북한의 무력 도발을 용납하지 않겠다는 취지와 함께 북한체제의 안정과 경제발전이 필수적이라는 인식이 배경에 깔려 있다. 따라서 지난 8년여 동안 남한 정부는 북한 지도부를 불안케 하는 흡수통일과 관련한 일체의 언행을 금기시하고 대신 남북 간 화해와 교류협력을 증대시키는 일에 대북정책의 모든 역량을 집중했다.

김대중·노무현 정부의 대북 햇볕정책은 북한체제의 안정이 한반도의 안정과 평화에 직결된다고 인식하고 있으며 동시에 안정된 북한체제는 어둡고 음습한 독재, 실패한 사회주의를 벗어나 개방과 개혁의 길로 나설 수 있다는 희망적인 기대를 하고 있다. 이 같은 희망적 기대는 남북 당국 간 회담이 정례적으로 개최되고 남북 간에 활발해진 인적·물적 교류의 증대로 증명되는 듯 보였다. 2000년을 전후로 북한이 오랜 고립과 폐쇄의 늪을 벗어나 서방국가와 잇달아 국교를 정상화하고 김정일 위원장이 중국과 러시아 등 해외순방을 시작하면서 체제 생존의 위기를 벗어난 정상국가로서의 북한의 모습을 보는 것 같았다. 북한이 2002년 7·1경제개선조치를 발동하자 드디어 북한이 개혁·개방을 단행하여 본격적인 시장경제체제로 전환되는 것으로 여겨 대대적인 환영과 기대를 마다하지 않았다. 독일식 흡수통일 가능성이나 북한의 급변사태 발생에 대한 논의는 더 이상 환영받지 못하는 주제이거나 비현실적 망상쯤으로 간주되어 정부의 주요 대책에서 제외되곤 했다. 외국의 일부 전문가나 연구소의 급변사태 연구가 간혹 보도되기도 했지만, 2000년대 이후로는 국내 언론이나 학계에서도 북한의 급변사태에 대한 논의는 거의 자취를 감추었다.

그러나 이 같은 햇볕정책의 기대 섞인 전망과 대응 방안은 2006년 여름에 자행한 북한의 미사일 발사와 이에 따른 한반도 주변 정세의 변화 등을 감안할 때 전면적인 재검토가 불가피하게 되었다. 지난 6년 동안 미국 등 우방과의 관계에 틈새가 벌어지고 있음에도 북한체제의 안정과 민족공조의 틀을 유지하기 위해 북한 당국의 비위를 맞추고, 북한의 경제난을 덜어주기 위해 퍼주기라는 일부의 비판을 받으면서도 일방적인 지원을 마다하지 않았으나 결국 북한은 우리의 간곡한 요청에도 아랑곳없이 미사일을 무더기로 쏘아올리고 북핵 문제 해결을 논의하기 위한 6자회담을 1년 가까이 공전시켰다. 이미 유엔 안전보장이사회에서는 북한의 기습적인 핵실험 사태를 규탄하는 대북결의안을 채택했고 북한의 위조지폐와 불법자금 유통을 차단하기 위한 미국의 대북 금융제재는 갈수록 강화되고 있다. 북한이 유엔의 대북결의안을 이행하지 않는다면 북한에 대한 추가 경제제재가 가해질 것이고 북한이 장거리미사일을 추가로 발사하거나 다시 핵실험을 강행할 경우에는 북한에 대한 군사적 응징도 배제할 수 없는 상황이 되어버렸다.[1]

북한에 대한 미국의 초보적인 금융제재에 북한의 외환이 고갈되고 환율이 급등하는 등 북한 경제의 근간이 흔들릴 정도인데 만일 본격적인 대북 경제제재가 전 세계적으로 단행된다면 북한 경제는 순식간에 붕괴되는 것이 아닌가 하는 문제 제기가 가능해지고 있다. 북한이 핵무기 보유를 선언했을 뿐만 아니라 추가 핵실험을 단행하고, 핵무기를 테러집단에 이전한다면, 이에 대한 미국의 선제공격이나 대량살상무기 확산을 방지하기 위한 예방전쟁 가능성 역시 배제할 수 없을 것이다. 북한의 미사일 발사와 핵실험에 대한 규탄과 질책을 담고 있는 유엔 안전보장이사회의 대북결의를 채택하는 데 북한의 최대 우방인 중국과 러시아가 동참했다는 것은 북한에 대한 주변 맹방의 이해관계가 영원불변한 상수가 아니라 북한체제의 향방을 근본적으로 바꿀 수 있는 주요 변수로 전환될 수도 있음을 보여주고 있다. 북한의 경제가 비교적 안정되고 중국 당국이 탈북자 송환에 적극 협조하면서 재중 탈북자 규모는 급격히 줄어들었다. 그러나 미국의 「북한인권법」이 발효되고 극심한 수해 등

---

[1] 방태섭 외, 『북한변수와 안보리스크』(삼성경제연구원, 2006).

경제난이 가중되면서 다시금 탈북자가 늘어나고 있다. 향후 북한의 동향과 주변 정세 변화에 따라 폭발적으로 늘어날 여지가 충분히 감지되고 있다.

북한은 김정일 국방위원장이 여전히 건재하며 '선군정치'의 군부 중시 일인독재체제가 유지되고 있다. 지난 60년 동안 김일성-김정일 통치체제가 확고히 유지되어 왔고 표면상 아직까지 김정일의 권위에 도전하는 어떠한 구체적인 움직임도 가시화되거나 포착되지 않았다. 적어도 김정일이 통치권을 행사하는 한 북한 내부의 권력 구조나 국가-사회와의 관계는 현재와 같은 선군정치식 일인독재체제, 수령유일지배체제의 골격을 유지하면서 시대 변화에 따라 선군사상 등 주체사상의 변용 이데올로기와 실리사회주의 등 변화된 요소가 배합된 체제가 지속될 가능성이 높다.[2] 그러나 북한의 안정화와 생존에 대한 확고한 보장과 협조를 다짐한 햇볕정책이 추진된 지난 수년간 북한 내외의 정세 변화를 종합하면 북한체제의 안정도가 증대했다고 판단할 확실한 근거를 찾아보기 어려운 것도 사실이다. 최근 북한 정세의 흐름은 북한 내외에서 급변사태가 발생할 개연성이 높아지고 있음을 보여주고 있다. 이러한 급변사태는 1990년대에 활발히 전개된 급변사태 논의[3]에서도 거론되지 않은 문제까지 포함하고 있어 이 같은 급변사태의 유형별 분석과 관련 대응책을 다각도로 적극 모색하는 일은 더 이상 미룰 수 없는 중요 현안이다.

이 같은 맥락에서 이 글은 2000년대 북한의 정치·외교 분야에서 발생 가능한 급변사태의 유형을 살펴보고 이에 대한 남북한과 주변국의 입장

---

[2] 이교덕 외, 『북한체제의 분야별 실태평가와 변화전망』(통일연구원, 2005).
[3] 김성철 외, 『북한 사회주의체제의 위기수준 평가 및 내구력 전망』(민족통일연구원, 1996).

과 반응을 검토하여 바람직한 대책을 모색해 보고자 한다. 정치·외교 분야의 급변사태는 군사·경제·사회적 분야의 급변사태와 직·간접으로 연결되며, 따라서 그 원인 분석과 함께 대응 방안을 모색하는 데 정치·외교 이외의 모든 분야가 밀접히 연관되어 논의되어야 한다는 것을 전제로, 우선 정치·외교 분야에서 예견되는 북한의 급변사태만을 다루고자 한다.

1. 사회주의 대전환과 북한

1980년대 말 동유럽의 사회주의 국가들이 사회주의를 포기하면서 정치체제의 위기와 급변사태에 관한 관심이 본격화되었다. 이전부터 역사학이나 정치학, 국제정치학 또는 사회학에서 혁명과 같은 체제의 근본적 변화에 대한 일반적인 관심이 컸고 학술적으로도 상당한 연구가 있었다.[4] 그러나 20세기 말 사회주의체제 또는 사회주의 정권의 연쇄적 몰락과 대전환을 목격하면서 급변사태, 특히 그러한 위기와 급격한 변화가 체제라는 거시적 차원에서의 가치와 구조 전반에 관한 급격한 전환과 연관되면서 이 같은 사태 진전에 관한 새로운 관심과 연구가 활발해졌다. 더구나 사회주의권의 급격한 변화를 대전환으로 규정한 것은 그러한 변화 규모가 단순히 집권층이나 정권 교체에 한정된 것이 아니라 상당

---

4) Crane Brinton, *The Anatomy of Revolution*(New York: Vintage Book, 1965).
 Barrington Moore, Jr., *Social Origins of Dictatorship and Democracy: Lord and Peasant in the Making of the Modern World*(Toronto: Beacon Press, 1966).
 Charles Tilly, *European Revolutions, 1492-1992*(Oxford: Blackwell Publishers, 1993).

기간 존속해온 체제가 지향하는 가치관과 역사관을 비롯하여 그 구성원들의 일상적인 삶의 양식이 근본적으로 또는 극과 극의 정반대 방향으로 바뀌게 되었다는 점에서 관심이 집중되었다. 나아가 과거 어떠한 혁명보다도 광범위하고 본질적인 변혁이 이루어졌음에도 그 같은 사태가 발생하기 직전까지도 집권 엘리트와 일반 주민들은 그런 변화의 소용돌이가 발생하리라는 가능성을 깨닫지 못했으며 외부 관찰자라 할 수 있는 서방세계 학자나 언론에서도 미처 감지하지 못한 채 역사의 대변혁을 맞이하게 됨으로써 충격과 파장은 컸다. 그 놀랄 만한 충격과 심각한 역사적 의미를 반영하듯이 사회주의체제의 대전환을 '역사의 종말'이라고 언급할 정도였다.[5]

구사회주의 국가에서 경험한 위기 상황과 급변사태, 그리고 그 결과 야기된 체제 대전환의 요인과 결과에 대해 이미 연구 결과가 나와 있다.[6] 구사회주의 국가에서 나타난 급변사태와 체제 전환 배경에는 우선 이 국가들의 국가구성 기본 이념인 마르크스-레닌주의와 현실 사회주의체제의 계획경제의 모순과 문제점이 부분적인 조정과 보완 정책으로는 더 이상 감당할 수 없는 한계에 도달했기 때문이다. 집권세력인 공산당과 지배 엘리트들의 혁명 열정과 헌신성이 쇠퇴하면서 관료제의 병폐와 부조리, 부패상이 만연되어 체제에 대한 신심이 극도로 이완되었다는 것도 정권 몰락과 체제 해체의 주요 요인이 되었다. 사회주의 국가를 블록화해서 체제를 결속시킨 구소련의 정책 전환과 몰락은 서방세계와의

---

5) Francis Fukuyama, *The End of History and the Last Man*(New York: The Free Press, 1992).
6) 동유럽에서의 체제 변화에 관해서 유호열, 『사회주의체제 개혁·개방 사례 비교연구』(민족통일연구원, 1993) 참조.

대결에서 극적인 패퇴와 외적 구속력을 약화시킴으로써 내부 변혁을 가속화시킨 점도 비록 대외적 요인이 각국의 역사적·정치적 경험에 따라 차별화되었지만 연쇄적 변혁을 가능케 했다. 반면에 체제 내부에서 형성된 불만과 대안 세력의 조직화, 공개적 활동의 활성화는 새로운 가치와 질서를 추구하려는 대체 엘리트와 주민들의 열망과 맞물려 폭발적으로 체제 변혁을 이루는 동력으로 작용했다.

1980년대 말 대다수 사회주의 국가들은 민주적 다원체제와 시장경제 도입 등 체제 전환을 이룩했다. 각국에서 발생한 급변사태의 유형과 체제 전환 과정은 각국의 리더십과 역사적 경험, 시민사회의 형성 정도와 경제 수준, 주변국과의 관계 등 다양한 변수에 따라 각각 달리 전개되었으며 위로부터 또는 밑으로부터의 변화, 급진적 변화와 점진적 변화, 전면적 전환과 부분 개혁 등으로 구분되기도 한다. 중국과 베트남의 경우 국가 이념의 규정성이 현저히 약화됨으로써 국가와 시민사회의 관계가 재설정되었고 시장경제의 전면 도입과 개인의 자율권 신장, 실질적인 대내외적 개방이 이루어짐으로써 광의의 체제 전환 과정에 포함하여 논의되기도 했다.

1990년대 초반 사회주의 블록의 일원이던 북한이 당면했던 위기와 문제점은 대부분의 사회주의 국가와 크게 다르지 않았으나 국가 구성의 역사적 경험이 중국이나 베트남과 흡사하여 두 국가와 유사한 형태의 변화를 예측하거나 기대하는 논의가 활발히 이루어지기도 했다. 더욱이 중국과 러시아를 비롯한 대부분의 구사회주의 국가와 남한이 국교를 수립했고 절대 권력자인 김일성의 사망, 수백만 명이 아사한 것으로 알려진 수해와 식량난, 경제난을 겪은 북한은 붕괴하지 않으면 이상하리만치 체제 생존의 기로에 놓이기도 했다. 그러나 결과적으로 북한은 북한의 독특한 체제 성격과 특수한 주변 환경으로 인해 동유럽 사회주의 체제의 대전환 경로를 따르지 않았을 뿐만 아니라 중국과 베트남이 선택한 개혁과 개방 노선도 거부한 채 십여 년 동안 체제를 고수하며 버티고 있다.

2. 북한의 정세와 급변사태 유형

현존하는 거의 유일한 사회주의 국가인 북한의 체제 대전환이나 몰락을 논의하기에 앞서 북한의 급변사태에 관해 규정할 필요가 있다. 북한의 독특한 위치와 체제 성격에 따라 급변사태의 성격을 구체적으로 제시하고 이를 통해 체제 전환 가능성을 논의해야 하기 때문이다. 급변사태는 글자 그대로 매우 빠른 시간 내에 대규모 또는 근본적인 변화를 초래할 상황을 일컫는다. 그런 의미에서 예측하지 못한 깜짝 놀랄 만한 사건이라 해도 근본적인 변화와 연계되지 못하면 급변사태로 다룰 수 없고, 반면에 근본적인 변화를 초래할 중요한 사태라 하더라도 사전에 충분히 예측 가능한 점진적 변화일 경우에는 급변사태라고 규정할 수 없다.

북한에서의 급변사태에 주목하는 이유는 그러한 사태가 북한체제와 국가로서의 북한에 불러올 근본적인 변화와 연결되기 때문이다. 다시 말하면 체제 내의 변화가 아니라 체제의 변화를 의미하기 때문에 주목하는 것이고, 북한의 경우에 체제 변화는 북한의 국가 성격과 직결되므로 북한의 국가 성격의 변화는 국가의 소멸과 남북통일과도 연결되기에 중요한 의미를 갖게 된다. 비슷한 사례로 동독의 경우를 들 수 있는데, 동독 내의 급변사태와 체제 전환은 1년이라는 단기간 내에 동독 국가의

소멸과 독일통일로 귀결됨으로써 여타 사회주의권의 급변사태와 체제 전환과는 성격을 달리했다.[7]

북한의 급변사태는 정치·외교, 군사, 경제, 사회 등 여러 분야에서 일어날 수 있는데, 그리고 각 분야에서의 급변사태는 체제 전체의 위기와 전환을 초래할 수 있다. 군사적으로 무력충돌이나 전쟁이 발생할 경우, 대북 경제제재의 강화와 식량난 등 위기가 심화되면서 경제적 붕괴가 가속화될 수도 있으며 대규모의 탈북자 발생과 외부 정보의 유입이 증대되어 가치관이 충돌할 경우 등 북한에서 발생할 수 있는 급변사태의 유형은 다양하다.[8] 정치·외교 분야에서 예상 가능한 급변사태는 다양한 형태로 나타날 수 있는데 북한체제의 성격과 현 정세를 감안할 때 만약 가까운 장래에 급변사태가 발생한다면 크게 세 가지 형태로 나타날 것이다.

1) 지도자 신상의 급변사태

수령유일체제, 일인독재체제에서 지도자 개인의 신상과 관련한 급변사태는 곧바로 정권과 체제, 국가 존립에 영향을 줄 만큼 위협적이다. 북한의 정치체제는 선군정치에 의한 김정일 독재체제로 규정할 수 있다. 북한정권 수립 이후 49년 동안 북한을 통치한 김일성의 사망은 북한 정치체제 측면에서는 사상 초유의 사건이었다. 북한정권 수립 이후 북한 정치사에 나타난 각종 사건과 위기를 살펴볼 때 국가 창건자이자 절대권력을 휘두른 수령인 김일성의 사망은 그 자체로 매우 중요한 사건이었

---

[7] 황병덕, 『동서독간 정치통합 연구』(민족통일연구원, 1996).
[8] 이정훈 기자, "한-미 '개념계획 5029'의 오해와 진실", ≪주간동아≫ 제484호, 2005년 5월 10일.

고 경우에 따라서는 심각한 위기를 초래하거나 새로운 체제 전환의 변곡점이 될 수도 있었다는 점에서 의미가 컸다. 실제 1990년대 초 80세가 넘은 김일성이 사망할 경우 북한체제는 길어야 3년을 넘기지 못하고 붕괴될 것이라는 전망이 다수를 차지할 만큼 김일성과 북한체제의 존망을 동일시하기도 했다.

그러나 김일성 사망 당시에는 그의 후계자로 내정되어 30여 년을 북한의 제2인자로서 통치구도에 참여한 김정일이 건재하고 있었다. 제1차 북핵위기도 해결 국면에 접어들고 사상 처음으로 남북정상회담도 예정된 안정된 시점이었다. 동시에 김정일의 권력에 도전할 만한 어떤 세력집단도 형성되지 못한 시기에 김일성이 갑자기 사망함으로써 중대한 급변사태였음에도 김정일로의 완전한 권력이양이 이루어졌고 체제가 붕괴하지 않은 채 정치적 안정을 회복할 수 있었다. 동시에 김일성의 급사는 사전에 아무도 예측하지 못한 사태이긴 하지만 그의 죽음은 심장마비라는 자연사였다. 심장마비라는 데 이견이 있기도 하지만 여하튼 자연사한 김일성의 뒤를 이어 준비된 후계자 김정일로의 권력이양은 무리 없이 순탄하게 이루어질 수 있었다.

그러나 만약 김정일 국방위원장이 갑자기 사망하는 급변사태가 발생한다면 사정은 달라질 수 있다.[9] 와병 등으로 자연사하거나 또는 자살할 경우, 암살 등 타살에 의한 경우는 전혀 다른 양상으로 북한체제에 큰 영향을 미칠 것이다. 김정일의 최근 건강 상태는 비교적 양호한 편이며 그에 대한 최상의 건강관리 시스템을 감안하면 준비되지 않은 채 와병으

---

9) 황일도 기자, "미 아시아정책연구소의 한반도 시나리오", ≪신동아≫, 권 542호, 2004년 11월.

로 조만간 사망할 확률은 그리 높지 않은 편이다. 그렇지만 그의 건강은 최적의 상태가 아니다. 이미 65세의 나이와 고혈압, 당뇨 등 항상 주의하고 관리하지 않으면 안 되는 상태이므로 그의 건강이상설은 끊임없이 제기되고 있으며 일부에서는 자살 가능성도 제기하고 있어 김정일의 신변이상이 북한체제의 급변사태로 이어질 개연성은 충분히 있을 수 있다.

김정일이 지병 또는 자살 등으로 사망한다면 후계구도와 관련하여 상반된 정치 일정을 상정할 수 있다. 만약 김정일의 직계자손 중에 이미 후계자로 선정된 인물이 있거나 김정일 사망 직후 후계자를 선출할 수 있다면 순탄한 권력이양과 함께 단기적으로 정치적 안정을 기할 수 있을 것이다.[10] 물론 공식적으로 알려진 김정일의 세 아들 중에서 고영희와의 사이에서 태어난 김정철이 가장 유력한 후계자였으므로 김정철을 중심으로 3세대 수령체제를 구축할 수 있을 것이다. 그러나 고영희가 사망한 상황에서 김정철로 후계구도가 이어지지 못한다면 장남인 김정남도 후계자로 옹립될 수 있고, 김정일의 기대를 한 몸에 받고 있다고 알려진 김정운도 후계자가 될 가능성이 있다. 다만 김정일의 직계자손이 후계자로 선정되기 위해서는 확고한 지지 기반이 군과 당 내부에 구축되어 있어야 하는데 현재로서는 정확한 판단이 불가능하다. 김정일의 친동생인 김경희와 매제 장성택이 후견인으로 김일성 가계의 혈통을 계승하는 역할을 할 수도 있을 것이며 군과 당 내부의 김정일의 측근이 집단적인 직계자손의 후견집단으로 혁명의 대를 이어 권력을 이양할 수 있을 것이다.

반면 김정일이 자연사를 한 경우에도 후계구도가 전혀 새로운 인물이

---

[10] 마커스 놀랜드(Marcus Norland), 『김정일 이후의 한반도』(시대정신, 2004).

나 집단의 주도로 급변할 개연성이 있다. 김정일 직계자손이 아니거나 뚜렷한 후계자가 없을 경우, 또는 김정일의 유훈 여부에 따라 선군정치의 실력자 집단에서 군에 의한 비상통치체제의 구축이나 국방위원회 중심의 집단지도체제가 구성될 수도 있다. 그러나 김정일 생존 시 후계구도를 정착시키지 않았거나 할 수 없었던 배경에 권력누수와 함께 복잡한 권력 게임이 작용한다면 김정일의 돌연한 사망은 새로운 권력 투쟁의 장을 여는 계기가 될 것이다.

둘째는 김정일이 자연사하지 않고 타살되는 급변사태가 있을 수 있다. 북한에서 최고지도자 경호는 외부와 내부의 암살 가능성에 철저히 대비하고 있을 것이다. 그럼에도 독재자의 경우에 핵심 측근에 의한 암살사례가 적지 않았던 선례로 보아 김정일도 예외는 아닐 것이다. 따라서 우발적이거나 혹은 계획적으로, 개인적 원한이나 권력 장악을 위한 목적으로 암살이 발생할 수 있다. 일단 김정일이 암살될 경우, 김정일 측근과의 권력 장악을 둘러싼 심각한 권력 투쟁이 일어날 것이며 급속히 내전으로 비화될 가능성이 높다. 만약 김정일을 암살한 측이 권력 자체를 쟁취하는 것이 아니라 김정일과 그의 독재체제에 반대하며 체제 전환과 관련한 근본적인 투쟁을 전개한다면 체제의 대전환에 따른 남한과 주변 국가의 개입이 불가피해진다.

2) 쿠데타 발생

김정일은 김일성 사망이라는 급변사태를 맞아 1995년 초부터 선군정치를 전면에 내세우면서 정치적 격변기를 안정적으로 극복했다. 선군정치의 핵심은 기존의 당국가체제에서 국방위원회를 정권의 최상위 기구로 격상하여 군사국가체제로 운영하는 것이다. 수령유일지배체제하의 독재체제를 유지하기 위해 이념과 관료조직에 의한 통제에서, 무력과 일사불란한 명령체제하에 효율적으로 국가를 통제하는 방식으로 전환한 것이다. 2000년대 북한이 당면한 과제의 성격이나 김정일의 통치방식으로 볼 때 군을 중심으로 한 선군정치는 지속될 것이다.

정권수립 후 수십 년이 경과하면서 체제의 근간인 노동당은 관료화하고 노쇠했다. 그동안 관료화의 병폐를 타파하기 위한 사상적 캠페인을 벌이기는 했으나 전일체적으로 유지되어온 당 중심의 구조를 스스로 타파하기에는 역부족이었다. 아울러 김정일이 가장 믿을 만한 체제 안전판이자 외부로부터의 막대한 지원을 유도할 수 있는 확실한 거래선은 핵개발 등 대량살상무기의 개발이었다. 김정일은 어렵게 획득한 핵무기를 쉽게 포기하지 않을 것이며 설혹 미국 등과의 합의에 따라 이를 폐기하기로 결정하더라도 핵무기를 완전 폐기하기까지는 상당한 시일이 소요될 것이다. 미국과의 군사적 대결을 전제로 한 핵무기 등 대량살상무기를 관리할 수 있는 세력이 군밖에 없는 실정에서 군에 대한 의존과 군의 영향력은 절대적일 수밖에 없다.

따라서 북한에서 김정일에 대항하는 세력이 존재한다면 이는 가장 강력한 권력집단인 군부 세력이 될 것이다. 군 이외의 어떠한 조직도 무력으로 정권에 도전할 가능성은 희박하며, 만일 그러한 조직적 저항 움직임이 발생하더라도 군의 즉각적이고도 단호한 진압으로 체제 전환과 국가 성격에 변화를 가져올 만한 급변사태로 발전하지는 않을 것이다. 김정일은 2005년에 이어 2006년에도 대부분의 공식 일정을 군부대 시찰이나 군 관련 행사 참가에 할애하고 있다. 비상시국에 선군정치의 핵심인 군 관련 현지지도에 가장 큰 비중을 두는 것은 김정일이 그만큼 군을 의지하고 신뢰한다는 표현일 수도 있으며, 동시에 군부에 대한 직접

통제를 한시도 게을리 할 수 없다는 현실적인 필요성을 반영하는 것으로 볼 수도 있다.

북한에서 군부 쿠데타가 발생하거나 성공한 사례는 아직까지는 밝혀진 바 없다. 김정일에 대한 군의 충성심이 매우 높고, 군에 대한 특별한 김정일의 애정과 배려는 군을 철저하게 장악할 수 있는 토대가 되고 있다. 군 보안부대와 정치 사찰로 군 장성에 대한 철저한 감시와 통제가 이루어지고 있으며, 특이 동향이 발견될 경우에는 가혹한 처벌을 내리기 때문에 대규모 조직이 가담한 쿠데타 모의는 현실적으로 매우 어려운 것이 사실이다.

그러나 1968년 김일성의 후계구도 설정 과정에서 군의 핵심 장성들이 숙청되었고 1990년대 중반에도 구소련 유학생을 중심으로 한 일부 군부대의 쿠데타 모의가 사전에 적발된 사례도 있었던 만큼 군에 대한 통제와 감시가 아무리 철저하더라도 쿠데타에 따른 급변사태 발생 가능성을 배제할 수만은 없다.

만일 군부에서 김정일에 대항하는 쿠데타가 발생한다면 쿠데타 주도 세력과 쿠데타 성격에 따라 극좌모험주의와 개혁적 쿠데타로 구분될 수 있다. 극좌모험주의의 경우에는, 미사일과 핵무기 개발 등 미국에 대해 강경 대결을 지향하는 군부 세력이 미국이나 국제사회의 압력에 굴복하여 핵을 포기하고 체제 개혁을 단행한다면 세력을 규합하여 김정일을 제거하고 전시 체제를 선포하는 등 좌경 군사정부를 구축할 것이다. 그러나 극좌 쿠데타 세력도 미국이나 남한에 대한 무력 도발을 통해 파국적 상황으로 치닫기보다는 당과 정부의 협상파와 개혁파 또는 부패 집단을 숙청하고 군 내부의 단합과 김일성 주체사상의 정통성과 사회주의체제의 수호를 표방하면서 냉전적 고립과 폐쇄적 정책을 추진해 나갈

것이다.[11]

반면에 김정일이 6자회담에 소극적으로 임하면서 대량살상무기 개발을 지속하여 미국과 국제사회의 제재가 강화되고 중국과 러시아도 이에 적극 가담하게 될 경우, 김정일과 강경파에 대항하는 일부 군부 세력이 쿠데타를 감행할 가능성이 있다. 특히 국내 경제가 극도로 피폐해지고 일반 주민들의 불만이 증대할 경우, 그리고 중국과 러시아가 김정일 정권에 대한 적극적인 지원을 포기할 경우에 중국, 러시아 국경 부근의 군부대에서 쿠데타가 일어날 수도 있다. 개혁 쿠데타의 경우에는 극좌군부 쿠데타에 비해 김정일이 장악하고 있는 군부에 대항할 만한 세력은 되지 못할 것이나, 김정일의 군사적 도발로 한반도 주변에서 국지전이 발생한다면 이 같은 개혁 쿠데타의 발생 가능성도 배제할 수 없다.

3) 내부로부터의 변혁 요구 급증과 주민봉기

북한에서는 지난 10년 동안 선군정치를 시행해오면서 단순히 무력에 의한 통제, 군 중심의 정치 질서만을 강조한 것은 아니다. 사상의 역할과 중요성을 누구보다 잘 알고 있는 김정일은 자신이 내세운 선군정치를 정당화하기 위한 이론적·사상적 교화 작업을 병행했다. 1990년대 후반 극심한 식량난 등 이른바 고난의 행군시기에 김정일은 '붉은기사상' 등 실천 이데올로기를 제창하면서 자신의 선군정치를 합리화하는 사상적 기반을 구축하는 데 심혈을 기울여왔다.

선군정치는 김일성 사망과 극심한 식량난 그리고 대외적으로 고립무

---

[11] 남주홍, "미북간 전쟁-북한에 억압적 군사정권등장-우리 내부의 급진정권 등장에 대비해야", 〔특집〕 한반도의 대전환, ≪월간조선≫, 2003년 1월.

원인 위기 상황을 극복하기 위해 창출되었다. 체제존망의 기로에서 엘리트들의 패배주의적 신심 이반이 속속 드러나고 탈북자 등 일반 주민들의 체제 이탈 현상도 속출하게 되었다. 선군정치는 무엇보다 엘리트들에게 체제에 대한 믿음과 확신을 심어주는 강력한 기제로 작용했다. 선군정치의 기치 아래 지난 10년간 김정일은 자신의 통치 구상을 실현하는 데 실질적으로 당·정·군 등 요직을 3·4세대로 대폭 교체하는 작업을 진행해 왔다. 경제 부분을 총괄하는 내각에서는 30·40대의 인물이 주요 직책을 담당하고 있으며 대남사업에서도 이미 40대가 주축이 되어 각종 회담과 현안 실무를 맡고 있다. 2005년도에는 가장 보수적이라고 할 수 있는 치안과 보안 부문에서도 세대교체를 단행했고 군부 인사들도 최상층부의 원로나 장성을 제외하고는 일선 지휘관들을 젊은 층으로 교체했다.

김정일의 적극적이고 대폭적인 세대교체 작업은 본인이 구상하는 개혁 모델을 혁명 1·2세대가 담당하는 것은 불가능하다는 것을 인식하고 새로운 교육과 사고를 지닌 젊은 세대에게 주요 직책을 맡겼다. 중국의 개혁 모델도 참고했겠지만 김정일의 신사고를 실현하기 위한 신세대의 등장은 북한을 내부적으로 변화시키는 주요 동력으로 작용하고 있으며 이는 경우에 따라 전혀 예기치 못한 결과로 나타날 수도 있다.

선군정치하의 북한체제는 지난 10년간 안팎에서 가해진 위협과 외부로부터의 정보 유입에 대처하기 위해 핵개발 등으로 위기의식을 고조시키거나 주기적인 사상 재교육을 통해 주민들을 결속시키고자 노력했다.[12] 그러나 체제 위기나 재교육을 통한 사상적 통제에는 한계가 있다. 2004년에 일어난 룡천역 사고 이후 외부와의 무분별한 교류와 접촉을

---

[12] 재스퍼 베커(Jesper Becker), 『불량정권: 김정일과 북한의 위협』(기파랑, 2004).

차단하고 인권 문제에 대한 국제적 압력에 대처하는 차원에서 휴대전화 사용을 규제하는 등 각종 통신 정보나 인적 왕래를 통한 정보 유입과 전파를 차단하고 있다. 2005년 이후에는 김정일 비난 벽보나 전단 또는 즉결처형 등 인권유린 현장을 담은 동영상 등의 유포를 적극 차단하기 위한 통제도 강화했다. 선군사상을 통해 지도부의 정통성을 확립하고 비판세력의 존재를 근절하기 위해 군과 당 조직은 물론 각종 보안 조직과 외곽 단체가 사상적 통제를 지속하는 것도 주민들의 사상적 동요와 체제 이탈을 방지하기 위한 것이다.

이 같은 북한 당국의 감시와 이념교육에도 불구하고 내부로부터의 불만을 언제까지 통제할 수만은 없는 것이다. 식량난이 극심하고 정부의 통제가 이완된 1990년대에 국경지역을 중심으로 때때로 주민들의 소요사태가 발생했다. 북한 당국이 이러한 주민들의 소요사태를 군과 보안기구를 동원하여 무자비하게 진압했기 때문에 사태는 확산되지 못했으나 소요의 발생을 원천적으로 봉쇄할 수는 없었다. 현재와 같이 일반 주민들에 대한 감시와 통제 기제가 엄격히 작동하고 엘리트들이 의식화하지 못한다면 대규모 주민소요나 자율적인 시민사회의 구성이 이루어지기는 어려울 것이나, 외부와의 접촉이 증대되고 체제의 모순이 누적된다면 동유럽에서와 같은 다양한 형태의 반체제 지하조직이 형성될 수도 있다.

반체제 지하조직은 그 자체로 정권을 교체하거나 체제를 전환할 만큼 세력화되기를 기대할 수 없으나 반체제 조직의 존재로 인해 집권 엘리트 내부의 균열이 초래될 수 있다는 점에서 내부로부터의 급변사태 발생의 단초를 제공할 수 있다. 더구나 북한 인권에 대한 국제적 압력이 고조되고 북한 주민 스스로가 대안 체제에서 가능성과 희망을 찾게 될 경우, 더욱더 과감한 욕구 분출과 비폭력 체제저항 움직임이 사회 전반으로 확산될 수도 있다.

3. 북한 급변사태에 대한 주변국의 대응

북한의 정치·외교 부문에서 예상되는 급변사태는 지도자 신상에 이상 상황 발생, 군부 쿠데타 또는 엘리트나 일반 주민들의 조직적 반체제 저항운동 등이 될 것이다. 이 같은 북한 내부의 급변사태는 일차적으로 북한의 내정에 속한 사항으로서 북한정권이나 인민들이 해결할 문제이나 사태가 악화되어 무정부 상태나 무국가 상태로 확대되어 사태의 파장이 국외로 확산될 경우, 남한은 물론이고 한반도 주변 미·일·중·러 4개국은 이러한 북한 급변사태에 직·간접으로 연관될 수 있으며 경우에 따라서는 개입해야 할 상황에 이를 수도 있다.

1) 미국

탈냉전시대 미국은 세계 유일의 초강대국이며 한·미방위조약에 따라 3만 7,000명의 군대를 남한에 주둔시키고 있다. 한·미연합사를 통해 주한미군 사령관은 전시작전권을 행사할 수 있는 만큼 북한에서의 어떠한 변화에도 민감하게 반응하고, 실제 가장 큰 역할을 할 수 있는 국가이다. 또한 미국은 한·미동맹 관계의 변화와 새로운 도전에 대응하기 위해 미·일동맹을 강화하면서 전략적 유연성을 증대시키고 있다. 중국의 개방과 체제 변화를 적극 지원하면서 동시에 중국의 국력 급신장과 팽창주의에 대비해 협력과 경쟁 관계를 유지하고 있다.

한반도와 동북아 지역에서 미국의 최대 목표는 평화와 안전을 확보하는 것이다. 따라서 북한이 한반도와 동북아 지역은 물론이고 나아가 전 세계의 평화와 안전에 위협이 되는 것을 방지하는 데 필요한 모든 조치를 취하게 될 것이다. 이를 위해 북한의 핵무기나 미사일 등 대량살상무기 개발이나 확산을 방지하고, 한반도에서의 군사적 충돌이나 전쟁 등을 예방하며 침략을 격퇴하는 군사적 역할이 가장 중요하다. 그러나 북한 내 급변사태는 상황의 성격상 언제든지 군사적 충돌로 비화될 가능성이 높기 때문에 이에 대비한 대응책을 고려하지 않을 수 없을 것이다.

반면 핵무기 개발을 중단하지 않고 지역과 국제사회에 군사적·정치적으로 위협이 될 뿐만 아니라 인권의 사각지대에 놓인 북한을 언제까지 방치할 수만은 없는 상황에서 북한의 내부 변화가 긍정적인 방향으로 전개될 수 있도록 직·간접적으로 지원하거나 개입하는 경우도 충분히 예견되고 있다. 따라서 미국의 대북정책, 특히 북한의 급변사태에 대비한 미국의 정책의 목표는 첫째로 북한이 한반도와 동북아 안보에 위협이 되지 않게 하는 것, 둘째로 북한 내부 상황이 외부로 확산되어 한반도 주변에 혼란과 불안이 증대되는 것 방지, 셋째로 북한 주민들의 생존권·자유권 등 기본적 인권이 보호되고 신장되어야 하며, 넷째로 현 북한정권이나 체제의 교체를 통해 한반도의 항구적인 평화체제를 구축하되 그 결과로 북한정권 붕괴, 북한의 개혁정부 수립과 남북한 평화공존, 남한의 흡수통일 달성, 마지막으로 북한 김정일 정권이 붕괴될 경우에는 새로운 정권이나 체제를 반미·반서방 의식을 지닌 극단적 세력이 주도하지 못하게 하고, 통일한국이 반미로 경도되거나 친중으로 귀착되는 것을 방지하는 것 등이다.[13]

북한에 정치적 급변사태가 발생하면 미국으로서는 자국의 입장과

정책목표에 따라 행동의 수위를 조절하며 대응할 것이다. 김정일의 신상에 이변이 생긴다면 미국은 그 같은 위기 상황이 군사적으로 어떻게 파급될 것인지에 따라 한·미연합사와 주한미군의 경계 태세를 높여갈 것이다. 특히 북한이 핵무기를 보유하고 있고 수백 기에 이르는 각종 미사일을 실전에 배치하고 있어 최고지도자 신상에 이변이 발생할 경우, 대량살상무기의 우발적 작동에 대해 주변 국가와 긴밀히 협조하면서 안전조치를 최대한 강구하고자 할 것이다. 따라서 지도자 유고와 관련한 최상의 시나리오는 후계자가 누구이든 간에 안정된 후계구도와 절차에 따라 권력이 안정적으로 이양되어 매우 위험한 대량살상무기에 대한 정치적 통제권을 확실히 확보하게 하는 것이다. 따라서 자연사든 타살이든 간에 상황 변화에 따라 훨씬 개방되고 유연한 새로운 지도자가 등장하는 것이 바람직하지만 더욱 중요한 것은 안정되게 권력을 장악하고, 그 권력의 범위가 군부를 완전 통제할 수 있어야 하기 때문에 지도자 교체에 관한 한 매우 신중한 반응을 견지할 것이다. 경우에 따라서는 새로운 북한 지도자가 중국 대신 미국에 대해 지원과 구원을 요청할 경우에도 직접 개입보다는 간접적이고 우회적인 방식으로 개입하려고 할 것이다. 물론 김정일이 암살되고 북한 내부에서 내전으로까지 확대된다면 쿠데타와 동일한 차원에서 대처해 나갈 것이다.

북한 내부에서 쿠데타가 발생할 경우, 미국의 입장에서는 어느 집단이 집권하느냐보다는 쿠데타가 내전으로 확대되어 북한이 통제 불능 상태에 빠지거나 내전이 휴전선 남쪽으로 확산될 경우를 더욱 주목할 것이다.

---

13) Derek Mitchell et al., *A Blueprint for U. S. Policy toward a Unified Korea*(CSIS, 2002).

쿠데타로 인해 지도자가 교체될 경우에도 핵무기와 대량살상무기의 안정적 관리 여부에 촉각을 곤두세울 것이며, 쿠데타군 사이의 충돌로 인명 피해가 급증하거나 내전이 전국적으로 확산된다면 미국으로서는 우려 표명을 넘어 지역 평화와 안전을 위해 유엔을 통한 중재와 군사적 개입을 고려할 것이다. 특히 쿠데타 주도세력과 발생 지역이 중국, 러시아와 연계되어 있을 경우, 미국으로서는 중국과 러시아와 협력을 하면서도 이 국가들이 단독으로 개입하는 것은 방지하고자 할 것이다. 물론 북한 내 쿠데타와 내전 상황이 휴전선 남쪽으로 비화되지 않는다면 한국의 단독 개입을 허용하지 않을 것으로 보인다. 최악의 경우에 사태가 남쪽으로 확대된다면 한·미연합사의 작계 5029 등에 따라 개입할 수밖에 없을 것이다.[14]

미국으로서는 북한 인민들의 반체제 저항이나 조직적 소요사태가 발생한다면 이러한 사태를 북한체제 변화의 주요한 계기로 간주하여 적극적인 역할을 개시할 것으로 보인다. 미국의「대북인권법」은 북한 인민들의 기본권을 보호하는 동시에 북한의 억압적인 구조를 변경시키기 위한 전략적 접근을 담고 있다. 따라서 탈북자의 안전과 함께 북한의 억압과 실정에 저항하는 북한 인민들에 대한 최소한의 보호막 역할을 할 수 있다. 따라서 북한 내에서 소요가 발생하고 체제에 저항하다가 핍박받는 인민들이 늘어난다면 이는 북한체제의 변화와 연관된 중대 사안으로 규정하여 북한 당국의 과잉 대응에 대한 정치적·국제적 압력을 행사할 것이다.

---

14) 황일도 기자, "한미연합사, 북한 유사시 대비 작전계획 5029-05 추진", ≪신동아≫, 통권 547호, 2005년 4월.

북한 인권에 대한 유엔 결의와 함께 소요가 발생하는 주요 지역과 접경한 중국 및 러시아와 연계하여 이들의 신변을 보호하는 한편, 북한에 대한 비난성명을 발표하거나 유럽연합 등과 협력하여 유엔 북한인권담당관 등 국제기구 책임자들의 북한 항의 방문을 주도하고 사태의 긍정적 해결을 촉구할 것이며 인권과 관련된 개인의 자율성을 신장하기 위한 구체적 일정을 북한 당국에도 요청할 것이다. 이러한 내부 소요사태로 탈북자가 급증할 경우에는 기존 탈북자 대책을 급변사태 시 대책으로 전환하여 늘어나는 탈북자의 미국 수용 규모를 증대시켜 나갈 것이다.

2) 중국

중국은 21세기 세계 초강대국으로 부상하고 있다. 지역의 안정과 평화가 중국의 지속적인 경제 성장과 국력 신장에 가장 중요한 관건이 된다. 미국과는 경쟁보다는 협력을 지속할 것이며 일본과도 갈등을 겪으면서도 거시적 차원의 정치·군사·경제·사회적 협력망을 심화해 나갈 것이다. 러시아와의 경제 협력과 전략적 협력 관계는 지속적으로 발전시켜나갈 것이며 한국과의 총체적인 협력관계도 유지·강화해 나갈 것이다. 이러한 중국의 입장과 전략적 이해를 감안하면, 중국은 북한이 6자회담에 복귀하여 핵무기와 미사일 등 대량살상무기 개발을 포기하고 개혁과 개방을 통해 인민경제를 발전시키는 것을 최우선 과제로 삼을 것이다.

북한이 개혁과 개방에 실패하면 군사적으로 위협이 될지라도 궁극적으로는 스스로 붕괴되어 결국 남한으로 흡수통일될 수밖에 없다는 점에 대해서도 잘 이해하고 있다. 북한이 붕괴하고 남한에 흡수통일 되더라도 통일한국이 중국에 직접적 위협이 되거나 한·미동맹의 최전방이 중국과의 국경선이 되지 않는 한 직접적인 군사개입은 자제할 것이다. 그러나 북한이 붕괴될 상황에서 한·미연합사가 군사적으로 개입하면 중국도 북한과의 국경지역을 중심으로 군사적 개입을 시도할 수도 있다.[15]

북한 지도자의 신변에 이변이 발생할 경우, 중국은 북한의 최대 우방으로서 김정일 사망 원인에 가장 큰 관심과 우려를 표할 것이다. 북한은 중국과 국가 대 국가 차원의 우방이면서 중국공산당 대 조선노동당, 즉 당 대 당 차원의 혈맹이기 때문이다. 김정일 사망이라는 급변사태에 중국은 북한주재 중국대사관 등 정부나 국가 차원 이외에도 당이나 군 등의 조직체계를 총 가동하여 사태의 추이를 파악하고 후계구도가 안정적으로 구축되어 권력이양이 순조롭게 진행될 수 있도록 필요에 따라 지원할 것이다. 북한은 지도자 신변에 이상이 생길 경우에 중국의 지원이나 도움을 필요로 하지는 않을 것이나, 상황진행 여하에 따라 자체 역량에 한계가 있거나 도움이 필요하다고 판단될 경우에는 정부 이외의 당과 군부 등 인맥과 채널이 구축된 중국의 도움을 우선적으로 요청할 것이다. 중국은 북한의 최고지도자 신변의 이변으로 발생한 급변사태를 자국의 이익을 위해 활용할 것으로 보이지는 않으나 최소한 지도자나 지도집단이 중국의 입장과 이해에 반하는 세력이 되게 하지는 않을 것이다.

북한에 쿠데타가 발생한다면 그 성격과 규모, 후속 상황의 전개에 따라 중국의 대응도 달라질 수 있다. 6·25전쟁 이후 북·중 관계의 특수성에는 양국 군부의 교류협력 체계가 중요한 비중을 차지하고 있다. 1990년대 한·중수교의 여파로 북·중 관계가 최악의 상태에 빠졌을 때도 북·중

---

15) 주성하 기자, "北 붕괴 땐 中이 궁극적 승자 …… 미사일 과시, 허약정권 반증", ≪동아일보≫, 2006년 9월 7일.

간 군부 교류는 지속되었는데 북·중 관계가 개선되는 데는 양측 군부의 역할이 크게 작용했다. 따라서 북한 내에서 쿠데타가 발생한다 해도 특별한 사정이 없는 한 중국 군대가 군사적으로 개입하지는 않을 것으로 예상되지만, 북한 군부의 주도세력과의 관계를 고려해 쿠데타 세력에 우호적인 조치를 취하지는 않을 것이다. 혹 개혁적 쿠데타 세력의 주도자가 중국 군부와 연결되어 있다면 이 친중 군부 세력의 최후 피난처 정도를 제공할 수도 있지만 그 이상 쿠데타를 통한 군부 역학구도의 교체 과정에는 개입하지 않을 것이다. 다만 쿠데타가 중국과의 접경지역 도시에서 또는 쿠데타로 인한 내전이 중국과의 접경지역으로 확산될 경우에는 중국지역으로 불똥이 튀지 않도록 최우선 조치를 취할 것이며 탈북자의 대량 탈북사태에도 대비할 것이다.

북한 내부에서의 반체제운동이나 인민들의 봉기사태에 대해 중국으로서는 자국의 실정에 비추어 매우 제한적인 역할을 할 수밖에 없을 것이다. 비록 현재 중국의 시민사회가 과거에 비해 엄청나게 성장하고 자율권이 신장되었다고 해도 공산당 주도로 당국가체제의 근간이 유지되는 상황에서 당과 체제에 대한 공개적 비판과 저항운동을 옹호하지는 않을 것이다. 인민들의 소요가 확산되어 사망자가 늘어나면 사태의 평화적 진압을 호소할 수도 있지만 이에 대한 정치적·군사적 개입은 없을 것이다.

반체제운동이나 소요에 참여한 북한 주민들이 불법적인 방법으로 중국으로 탈출할 경우 이들을 체포하여 북한에 송환하는 일은 대상자의 법적 요건을 따져 결정할 것이며, 경우에 따라서는 북한 진압 당국과 조용한 해결을 봐야 할 경우도 생길 것이다. 중국의 반체제인사들에 대한 처벌이나 해외탈출 사례를 고려할 때, 북한에서 탈출한 반체제인사나 소요 가담자가 순수한 정치범으로 인정될 경우에는 신변을 보호할 것이나 범죄행위자로 판단되면 북한 당국과 협조할 가능성도 충분히 있다. 소요가 장기화되거나 규모가 급속도로 확대된다면 중국은 정부 차원보다는 당 차원의 해결책을 모색할 것이며 정부 차원에서는 가능한 한 국제사회의 일원이나 중재자의 자격으로 급변사태에 대처해 나갈 것이다.

3) 일본

북한의 핵무기와 미사일 발사에 가장 민감한 반응을 보이고 있는 일본으로서는 자국의 안보를 보장하고 동북아의 평화와 번영을 유지하는 것이 최대 현안이다. 동시에 지역과 국제 차원에서 보통국가로 자국의 역량에 걸맞은 역할을 수행하는 것이 일본 국가의 오랜 숙원이기도 하다. 따라서 일본은 일·미동맹을 굳건히 하면서 자국의 안보를 지켜내는 동시에 자위대의 역할 확대를 통해 보통국가로서의 위상을 회복하는 데 심혈을 기울이고 있다.[16]

중국의 급부상은 필연적으로 일·중 관계의 재설정을 불가피하게 하고 있으며 북한의 위협과 한반도의 불안정은 일본에게도 결코 바람직한 상황이 아니다. 북한이 핵과 미사일 개발을 포기하고 중국식 개혁·개방으로 나선다면 북한에 대한 지원과 국교수립을 통해 북한 지역 재건에 참여하려 할 것이다. 그러나 북한이 6자회담에 복귀하지 않고 사태를 악화시킨다면 일본은 이에 대한 단호한 제재와 대응책을 다른 국가보다 앞서 실천할 것이다. 현재와 같은 남북분단이 평화적으로 지속된다면

---

16) 배정호, "미일 안전보장체제의 광역화에 따른 일본의 군사적 역할의 증대와 한반도 급변사태", 《한국정치학회보》, 32집 1호(한국정치학회, 1998).

일본으로서는 미·일동맹에 의존하면서 변화하는 동북아 상황에 충분히 대처할 수 있을 것이나, 북한이 붕괴될 경우에는 통일한국을 남한이 주도하되 반일·반미 체제가 수립되지 않기를 희망할 것이다. 따라서 일본은 북한 내부에 급변사태가 발생할 경우, 일차적으로 자국의 안보에 미칠 파장과 향후 한반도 정세에 어떤 영향을 줄 것인지에 주목하면서 대응책을 강구할 것이다.[17]

사망 등 북한 지도자 신변에 이상이 발생할 경우에는 새로운 지도자의 성향을 파악하기 위해 방북하는 총련 대표들에게 특별한 편의를 제공할 수도 있다. 북한의 미사일 발사 이후 만경봉호의 일본 입항을 금지하는 등 총련의 활동을 제한하고 있는데, 한시적으로 만경봉호의 출입을 허용함으로써 북한 급변사태 관련 정보 수집과 새로운 지도체제와의 대화창구 개설을 모색할 것이다.

김정철이나 김정운으로 후계자 구도가 정해진다면 모친인 고영희가 재일교포 출신인 점을 감안하여 사적 유대감을 활용할 가능성은 있으나, 김정철과 김정운이 북한에서 출생했기 때문에 그리 큰 영향력은 없을 것이다. 반면 일본에서 불법 여권을 사용해 체포된 전력이 있는 김정남에 대해서는 중국과 친밀하다는 보도 등을 내보내며 조심스럽게 접근할 것이다. 북한정권이 교체되는 급변사태에서도 일본은 납북일본인 문제를 적극 제기하면서 이에 대한 북한의 반응에 따라 수교와 지원 또는 제재 등 수위를 조절해 나갈 것이다.

일본은 북한에서 쿠데타가 발생하더라도 북한과 국경을 직접 접한

---

17) Masao Okonogi et al., "Resolving the North Korean Nuclear Problem: A Regional Approach and the Role of Japan," JIIA, 2005(http://www.jiia.or.jp/pdf/0507_teigen.pdf)

것이 아니므로, 직접적으로 영향을 주거나 역할을 수행하지는 못할 것이다. 그러나 쿠데타가 확산되거나 내전으로 발전하고 이것이 장기화되어 미사일 등 대량살상무기를 보유한 측에서 사태를 반전시키기 위해 미사일 발사 등 극단적인 조처를 취할 경우에는 한·미연합사의 작계 5029 수행과 함께 일본 역시 유엔과 미·일동맹의 일원으로 지역안정 조치에 참여할 수도 있다.

북한 주민들의 소요와 반체제운동이 확산되는 급변사태 시 소요 가담자와 기타 탈북자들이 선박을 이용하여 대량으로 일본으로 탈출하는 사태가 발생할 수 있다. 일본 의회도 미국의 「북한인권법」의 선례에 따라 2006년 6월 북한인권법안을 통과시켰다. 북한 인권이나 탈북자 문제에 대해 유엔과 관련 민간단체들의 활동을 매우 적극적으로 지원할 것이다. 일본은 북한에 급변사태가 발생하면 수십만 명의 탈북자들이 선박을 이용하여 일본으로 탈출할 것으로 예상하고 있다. 일본은 상황의 특수성과 긴급성을 고려하여 주요 항구를 개방하고 탈북자들을 임시로 수용할 것이다. 수용된 탈북자들의 최종 거주지는 북한 내 급변사태의 전개 과정에 따라 결정될 것이나 탈북자들의 일본 내 수용은 최소화하기를 원할 것이다.

4) 러시아

러시아는 냉전시기에 미국과 함께 한반도 주변의 주요 세력이었으나 탈냉전시기로 접어들면서 중국이나 일본보다 미약한 존재로 남게 되었다. 그렇지만 동북아 지역에서 러시아의 경제적 이해관계는 계속 증대되고 있으며, 러시아는 중국과 일본의 경쟁관계 속에서 새로운 역할을 모색하고 있다. 한·미동맹과 미·일동맹을 인정하면서도 한반도에서의 세력변화 시기에 자국의 이익을 극대화하면서 예상되는 위협이나 손실을 최소화하기 위한 노력을 동시에 전개하고 있다. 과거 한반도를 놓고 일본과 벌인 전쟁에서 패한 경험과 6·25전쟁 이후 최근 6자회담에서까지 미국, 중국과의 삼각관계에서 또다시 배제된 경험을 반복하지 않기 위해 향후 변화하는 한반도에서의 주요 역할을 확보하고자 한다. 특히 북한에서의 급변사태가 북한 붕괴와 통일한국으로 연결된다면, 최소한 통일한국이 반러정책을 취하지 않도록 정치·외교적 노력을 다할 것이다. 동시에 통일한국이 친중·친일로 경도되는 상황도 러시아에는 그리 바람직하지 않기 때문에[18] 통일한국이 러시아와 우호적 관계를 유지하기를 바랄 것이다. 조선시대 말기처럼 친러 정부가 들어서기를 기대하지는 않는다.

지도자 사망과 같은 북한 내 급변사태에 대해 러시아는 주변 4국 중 가장 적은 관심을 보일 것이다. 그럼에도 김정일 위원장과 수차례 정상회담을 개최한 푸틴 대통령이나 러시아에 대한 김정일의 개인적 호감은 아쉬운 부분으로 남을 것이다. 북한주재 러시아 대사관에서 북한 급변사태에 대한 정보 파악과 필요한 조치를 취해 나갈 것이지만 지도자 신변 이상과 관련한 후계구도 설정에 특별한 역할이 주어지지는 못할 것이다. 해방 전 소련군대 장교였던 김일성과 러시아에서 출생한 김정일과 달리 새로운 지도자나 지도집단에 구소련과의 인적 유대를 기대할 수는 없다. 중국 공산당과는 달리 특별한 당적 유대감이 없는 러시아로서는 공식 채널과 정부 차원의 대책에 의존할 수밖에 없다.

러시아로서는 북한 내에서 쿠데타가 발생할 경우, 북한 군대의 속성과

---

[18] 알렉산더 제빈(Alexander Zhebin), "북한의 미래와 러시아의 대북정책", ≪사상≫, 1997년 가을호.

지역적 인접성 때문에 사태의 추이를 예의 주시할 것이다. 과거에 북한 내에서 적발된 권력 투쟁이나 쿠데타 모의의 주도자들이 러시아 출신이거나 러시아 유학생인 경우가 종종 있었다. 비록 쿠데타가 러시아와는 직접적인 관련은 없더라도 러시아 유학생 등 간접적으로 러시아와 연계된다면 러시아로서는 쿠데타 성패에 따른 대비책을 마련하고자 할 것이다. 그러나 러시아의 현 실정으로 볼 때 전략상 북한 내 쿠데타를 모의하는데 러시아가 직접적으로 지원하거나 후원하지는 않을 것이다. 만일 구소련 군부 세력이나 극좌 공산당원 또는 범죄집단에서 북한 쿠데타 세력과 연계될 경우에는 러시아 정부의 명확한 입장 표명이 있을 것이다.

러시아 입장에서 쿠데타 발생과 관련하여 가장 긴급한 현안은 쿠데타가 내전으로 확대되어 러시아 접경지역으로까지 비화되는 일이다. 쿠데타에 가담한 친러세력이 쿠데타 전개 과정에서 러시아로 탈출을 시도한다면 이들에 대한 긴급 피난을 허용할 것으로는 보이지만 추가 활동을 금지하는 선에서 북한 당국과 협상할 가능성이 높다.

북한 내부에서의 반체제운동이나 주민들의 소요가 발생할 경우, 러시아는 이 반체제인사나 소요 가담자들에게 임시 피난처를 제공하거나 특정인에게 정치적 망명을 허용할 수는 있다. 러시아는 과거 벌목공이나 기타 탈북자의 경우 사안별로 북한 당국과 협조하여 송환한 전례가 있기는 하지만, 급변사태 시 인권보호 요건이 뚜렷하고 국제여론에 노출된 사안이라 쉽게 처리할 수는 없을 것이다.

러시아의 경우에는 김정일과의 관계에도 불구하고 국제사회의 규범과 여론을 가급적 수용하면서 북한 급변사태 발생 시 사태가 안정되고 바람직한 방향으로 해결되도록 주어진 역할을 수행할 것으로 예상된다.

4. 북한 급변사태 발생 시 우리의 대응

북한 내부에서 발생한 급변사태에 대해 우리에게는 헌법과 조약, 국제법과 국제규약, 그리고 남북 간에 체결된 제반 성명, 선언과 합의 등 준수해야 할 법적·규범적 테두리가 있다.[19] 때로는 이러한 법과 규범이 상충하고 상식과 법률이 모순되기도 한다. 명분과 실리, 이론과 현실이 엇박자 속에 민족과 국제사회의 이해와 갈등이 첨예하게 대립하기도 한다. 그럼에도 북한에 급변사태가 발생한다면 이러한 사태는 평소의 예상이나 일상적인 법과 상식, 제도와 관행으로 접근하거나 해결할 수 없으므로 예상 시나리오별로 실현 가능한 대응책을 마련해야 한다.

북한 지도자 신상에 이상이 발생하거나 쿠데타 또는 민중봉기가 발생할 경우 북한정권과 체제 및 국가 성격에 심각한 변화를 초래할 수 있다는 점에서 급변사태로 규정할 수 있다. 북한 내부에서 발생한 급변사태는 외부로 확산되거나 외부와 연결되지 않는 한 북한정권과 인민들이 자체적으로 해결할 사항이다. 그러나 내정불간섭 원칙을 북한에 적용한다고 하더라도 급변사태가 조기에 해결되지 못하고 무정부 상태가 지속되거나 그 와중에 인명살상 등 인권유린 행위가 만연한다면 유엔의 결의에 따라 평화를 유지하고 질서를 회복하는 조치에 참여할 수 있다. 동시에 북한 급변사태의 성격상 주변국의 개입이 불가피해지고 체제 붕괴를 넘어 국가 붕괴를 불러온다면 우리 헌법의 효력을 휴전선 너머 북쪽으로까지 확대하는 통일작업에 전격 착수할 수도 있을 것이다.

---

19) 김명기, 「북한 급변사태시 한국의 개입에 따른 법적 문제」, 『한반도 급변사태와 국제법』(민족통일연구원, 1997).

1) 북한 급변사태의 연착륙 가능성

북한 내부에서 발생하는 정치·외교 분야의 급변사태는 북한이 선군정치의 과도기적 정치 행태를 종식하고 정상국가로 복귀하면 발생할 가능성이 줄어들거나 발생하더라도 연착륙으로 유도할 수 있을 것이다. 핵과 미사일 등 대량살상무기의 개발을 포기함으로써 남한을 비롯한 주변국의 경제 지원을 받아 조속한 시일 내에 경제를 재건함으로써 주민들의 삶의 질을 높이고 경제사회를 안정화시킨다면 그 가능성은 더욱 줄어들 것이며 좀 더 손쉽게 연착륙에 성공할 수 있을 것이다. 북한이 개혁·개방 정책을 받아들여 개인의 자율권을 신장하고 이념적 통제를 약화시키며 국제사회의 책임 있는 구성원으로 참여하게 된다면 그 가능성은 지속적으로 줄어들 것이다. 반면에 현재와 같은 수준의 비정상적이고 억압적·폐쇄적·비효율적인 정책과 체제를 고수하고 대량살상무기 개발을 통해 국제사회의 안전을 지속적으로 위협한다면 북한은 내외의 압력에 직면하여 정치·외교, 군사, 경제, 사회·문화 등 모든 부문에서 발생할 수 있는 급변사태를 피할 수 없을 것이다.

김정일은 김일성 사망 이후 극도로 어려운 정세 속에서도 체제를 안정화시키고 권력을 순탄하게 이양받을 수 있었다. 체제의 안정, 정권의 예견된 교체는 정치·외교적 안정만이 아니라 위험한 대량살상무기를 안전하게 관리할 수 있다는 점에서 간과할 수 없는 과제다. 따라서 현재와 같은 독재체제를 유지하고자 한다면 지도자 신변의 이상을 대비하여 후계자를 선출하거나, 후계자 결정방식을 제도적으로 명확히 함으로써 지도자 사후 발생할 수 있는 혼란과 불안정성을 줄여나가는 것이 집권자 김정일의 입장에서도 필요할 것이다. 물론 암살과 같은 급변사태에 대해서는 신변 안전을 강화하면서 관련 부서 간의 불필요한 긴장과 마찰을 줄여나가야 할 것이고 상식을 벗어난 비밀주의와 인치(人治)에 따른 권력집중도 제도적 장치를 보완한 법과 제도에 의한 통치로 바꾸어나가야 할 것이다.

내부의 폭발적 변화의 전형인 쿠데타는 일반적으로 사회·경제적 불만이 급증하고 엘리트 내부의 상대적 박탈감이 증대할 때 발생한다. 군이 군이 쿠데타를 모의하거나 가담하지 않더라도 개혁을 성공시켜나가는 것이 필요하겠지만, 그렇지 못할 경우에는 사태의 평화적 수습이 중요하다. 북한에서 쿠데타는 아주 예외적인 상황에서 발생할 것이며, 따라서 일단 쿠데타가 발생하면 상당한 인적 피해가 예상된다. 쿠데타가 발생할 경우에는 주변 국가와 국제연합의 권고 안을 통해 신속한 사태 종식을 촉구하여 무고한 인명 피해를 줄여나가면서 연착륙으로 유도해야 한다.

반체제 활동이나 주민소요가 발생하지 않도록 소요 참가자에 대한 가혹한 처벌보다는 장기적으로 주민들의 자유권을 신장시켜나갈 대책을 강구해야 한다. 정보 유입을 차단하는 등 폐쇄체제를 언제까지나 유지할 수 없는 상황에서 북한 당국은 단계적으로 정보 유입과 외부로 향한 통로를 개방해야 할 것이다. 주민들의 일상적 욕구를 충족시키고 보편적 인권신장에도 관심을 기울여야 한다.

2) 급변사태에 대한 우리의 기본 입장과 원칙

북한의 급변사태 발생과 관련하여 급변사태 자체에 대응하는 위기관리용 대처방안과 급변사태 전후 과정에 임하는 국가정책 차원의 종합적인 대응책이 수립되어야 한다. 북한은 우리 헌법의 효력이 미치는 지역이나 현실적으로는 분단 이후 그 효력이 일시 제한되고 유보된 특수한 상황임을 감안해야 한다.[20] 급변사태가 발생하기 이전 우리는 북한과 합의한 정전협정을 준수하고, 평화공존을 약속한 7·4공동성명과 남북기본합의서를 준수해야 한다. 6·15공동성명을 비롯하여 남북 당국 간이나 민간 차원에서 체결된 합의서의 내용도 이행해야 한다. 다만 어떤 남북 간 합의도 김일성의 6·25전쟁 책임과 기타 반인권적 범죄에 대한 책임을 면죄하는 것은 아니며 김정일의 경우에도 그가 관여한 불법행위에 대해 면죄부를 주는 것이 아님을 원칙으로 해야 한다.

정치·외교 분야에서의 급변사태는 일차적으로 북한 내부의 상황이기에 내정불간섭 원칙과 평화공존을 천명하고 이를 준수해야 할 것이다. 동시에 이러한 내정불간섭 원칙은 주변 국가는 물론이고 국제사회에서도 준수되어 북한 내정에 외세가 단독 개입하거나 간섭하지 않도록 우리의 입장을 선언적으로 천명할 필요가 있다. 북한 지역에 대한 우리의 정당한 권한과 남북 관계의 특수성을 다시금 국제사회에 주지시켜야 할 것이다. 북한의 급변사태가 북한 국가의 존망과 관련될 경우, 우리 헌법 질서에 북한을 포함시키는 동시에 북한의 국제법적 의무와 채무를 승계할 용의를 표명할 필요가 있다.

북한 내 무질서와 무정부·무국가 사태가 단기간 내에 평화적으로 종식되지 않거나 엄청난 인명살상이 발생할 경우, 유엔의 중재와 개입을 요청하고 우리가 사태 해결의 주도적 역할을 맡을 것임을 선언한다. 북한에 대한 무력 개입이 불가피할 경우에는 내전 종식과 질서 회복을 위한 유엔 평화유지군 파병을 추진하되 주변 4국을 포함한 다국적 군대를 구성해야 한다. 다만 북한 내 급변사태가 휴전선 이남으로 확대되어 우리의 안보가 심각하게 훼손될 경우, 정전체제하의 군사작전통제권이

---

20) 최대권, 『통일의 법적문제』(법문사, 1989), 45~46쪽.

작동되어 한·미연합사의 일원으로 군사적 개입이 불가피할 것이다. 북한 내부 급변사태에 군사적으로 개입하게 된다면 평화적인 통일의 토대를 구축해야 한다.

3) 북한 급변사태 대응책

북한의 정치·외교 분야에서 급변사태가 발생할 경우에는 내정불간섭 원칙을 준수하되 민족과 인권의 명분과 국익의 현실 상황을 감안하여 시나리오별로 탄력적으로 대응해야 한다.[21]

북한 지도자의 신변 이상에 따른 급변사태는 우선 북한 내부에서의 권력이양 과정을 지켜보면서 향후 새로운 지도자나 지도층의 등장에 대비해야 한다. 김정일에 대한 역사적 평가와 정치적 판단은 급변사태가 발생하기 전까지의 행적과 향후 북한 후계구도 설정과도 연관되지만 현재로서는 김일성과 동일하게 김정일도 국가 차원의 조문을 받기에 합당한 인물은 아니다. 김정일과의 정상회담에 임한 김대중 전 대통령 등 개별적 인연에 따라 개인적 조의를 표할 수 있으나 국가 차원에서는 미흡한 과거청산과 핵무기 등 대량살상무기를 개발하여 우리의 안보를 직접 위협하고 북한 인민들의 인권을 유린한 독재자로 협상의 상대자일 뿐 조문의 대상은 아니다.

급변사태 이후 북한 내부에서 새로운 권력 개편이 이루어질 경우에는 새로운 지도층의 현실적 지도력을 인정한다. 다만 새로 구성되는 지도층은 민주적 절차에 따라 인민들을 대표하며 인민들의 인권을 보장하는

---

21) 서진영, "북한의 급변사태 발생과 한국의 대응: 북한의 급변사태 유형과 대응 방안: 북한의 체제위기와 체제 변화과정에 대한 4가지 시나리오", 《평화연구》, 6권, 1997년.

책임 있는 정부를 구성하도록 촉구한다. 민중의 여망을 담은 탈이념의 책임 있는 지도층에 대한 인정과 향후 협상은 철저하게 민주적 원칙과 절차에 따라 평화적 방법과 방식을 통해 대등하게 추진한다.

북한의 쿠데타 발생 시 무정부 사태가 장기화되고 엄청난 피해가 발생할 경우, 이에 대한 우려 표명과 함께 유엔에 의한 개입 가능성을 모색한다. 쿠데타가 내전으로 확산될 경우에는 이에 대한 군사적 대비를 강화하고 특히 휴전선 이남으로 무력 분쟁이 확산되지 않도록 한·미연합사의 경계 태세를 최고 수준에서 유지해야 한다. 북한 쿠데타군에서 우리 쪽에 도움을 요청한다면 유엔 평화유지군 등 다국적군을 구성하는 것이 좀 더 안전하고 유리하다. 무력충돌 상황에 대비한 한·미연합사 작전을 전개하기 전에 무력으로 북한에 개입하는 것은 자제해야 한다.

북한 내 반체제 활동이 증대하고 주민들의 소요가 확산될 경우, 내정불간섭 원칙이 적용되나 민족 문제나 인권 차원에서 적극적인 지원을 준비해야 한다. 정부 차원에서는 북한 당국에 대해 인민들의 자유권을 확대하도록 촉구하고 국제사회의 지원을 주도적으로 이끌어내야 한다. 반체제 활동에 대한 민간 차원의 연대를 가속화하고 필요한 물심양면의 도움을 제공한다. 필요한 경우에는 중국 등 제3국을 통한 적극적인 구호와 함께 필요시 피난처를 제공한다. 반체제 활동이나 소요 참여자에 대한 지속적인 관심을 표명하고 이러한 시민사회의 형성이 북한의 체제 전환에 직결될 수 있도록 대북 지원과 협력을 북한의 인권 상황 개선과 연계할 수 있는 방안을 마련한다.[22]

아울러 남북 관계의 틀을 벗어나 북한의 인권, 주민들의 삶의 질 향상을

---

22) 김수암, 『미국의 대북인권정책연구』(통일연구원, 2004).

위한 국제사회의 참여를 제도화해 나가야 한다. 헬싱키 협약과 같이 동북아시아 지역의 인권과 안전 보장에 관한 포괄적 다자협약을 추진하여 북한 당국이 체제 생존을 위해서는 주민들의 인권을 신장시켜나가지 않을 수 없는 구조적 장치를 마련해야 한다. 이를 통해 중·장기적으로 일반 주민들과 엘리트들의 반체제 자유화운동이 자율적인 시민사회 형성의 모태가 되도록 해야 한다.

질 의 응 답

피터 벡(Peter Beck)
국제위기감시기구(ICWG) 동북아 사무소장

저는 국제위기감시기구(International Crisis Watch Group)에 근무하고 있는 피터 벡입니다. 국제위기감시기구는 세계 갈등을 예측하고 예방하기 위해서 노력하는 단체입니다. 우리 기구에서는 최근 탈북자 문제에 관심을 집중하고 있습니다. 탈북자들의 얘기를 들으면 북한 내부의 현 상황에 대해서 어느 정도 파악할 수 있기 때문에 북한 급변사태에 대해 많은 관심을 쏟고 있었습니다.

몇 개월 전에 미국에서 <불편한 진실(Inconvenient Truth)>이라는 영화가 나왔습니다. 앨 고어 전 부통령이 만든 영화인데, 부시 행정부가 아무리 인정하지 않아도 지구에서 온난화 현상이 심각하게 일어나고 있다는 사실을 증명하는 영화입니다. 북한 붕괴에 대한 '불편한 진실'은 그것이 갑작스럽고 조용하지 않으며, 부드럽지 않게 올 것이라는 점입니다. 아까 말씀하신 대로 개혁적인 쿠데타 세력이 생겨나고 올바른 지도자가 나타나면 좋겠는데 그것을 크게 기대하지는 못합니다.

김정일 위원장은 아마 부시보다 앞으로 더 오랫동안 집권할 것입니다. 문제는 시간이 지날수록 붕괴나 쿠데타 가능성이 커질 수밖에 없다는 데 있습니다. 북한은 실패한 정권, 실패한 정책집단인 데다가 독재국가에서 정권 교체는 가장 심각한 문제이기 때문입니다. 아까 말씀에 김정일 위원장은 이미 나이가 있고 암살 가능성은 거의 없다고 보지만 확신할 수는 없다고 하셨습니다. 만약 5년 이내에 갑자기 김정일 위원장이 사망한다면 분명 정권 교체에 문제가 생길 것입니다. 왜냐하면 지도자 3세대가 아직 준비되지 않았고 그 후계자로 거론되는 인물은 정치에 대해 잘 모르는 젊은 세대이기 때문입니다. 만약에 제가 북한 장교라면 '지금 북한은 절대 안 되겠다. 쿠데타밖에 없다'라고 판단할 수밖에 없을 것입니다.

그런데 최근 여론조사 결과를 보면 한국 대학생들은 미사일 발사나 탈북자 발생 등 북한 문제에 대해 별 관심이 없습니다. 물론 북한 문제는 일반 시민이나 주부들이 해결할 수 있는 문제는 아니지만 북한 사태에 대해서 한국 사회는 전혀 신경 쓰지 않고 있습니다. 특히 정부에서는 북한의 붕괴, 급변사태를 원하지 않아 지난 10년 동안 포용정책을 계속 유지하고 추진했습니다. 그럼에도 불구하고 급변사태가 생길 가능성은 점점 더 높아지리라 봅니다.

언제 발생할지 정확히 알 수는 없지만 만약 북한에 급변사태가 일어난다 하더라도 민중봉기 형태가 될 가능성은 없다고 봅니다. 군사적인 형태로 나타날 것 같은데 만약에 군사 쿠데타가 일어난다면 어젯밤 태국처럼 진행되지 않겠습니까? 미국 부시 행정부는 아무리 선제공격을 하고 싶어도 그럴 만한 능력이 없습니다. 그래서 결국 우리는 이 상황을 지켜보고 가만히 있을 수밖에 없을 듯합니다. 만약 북한이 붕괴되면 시간이 지날수록 경제 상황이 악화되고 내부 문제가 연이어 발생하는 등 정말 심각한 문제로 발전할 수도 있습니다. 그러나 한국 정부로부터 국민에 이르기까지 북한 급변사태에 대해 정신적으로, 정책적으로 준비되어 있는지 제가 한국에 온 지 2년이나 됐는데 아직 확인하지 못했습니다.

한편 제가 한국 사람이라면 주변국 중 일본이나 러시아의 대응에는 신경을 쓰지 않을 겁니다. 그 두 나라는 직접 개입할 여지가 없습니다. 가장 주시해야 할 나라는 중국입니다. 쿠데타가 발생할 경우 중국이 직접 개입하지는 않겠지만, 만약의 경우에 북한이 붕괴된다면 중국은 개입할 수밖에 없습니다. 중국이 북한의 급변사태에 개입할지 안 할지의 문제가 아니라 얼마만큼, 어디까지 개입할 것인지가 지켜보고 신경 써야 하는 문제입니다.

물론 제가 미국 사람이라 한국 사람과 다르게 생각할지는 모르겠습니다만 저도 부시 행정부를 믿지 못합니다. 미국은 선제공격을 할 만한 능력이 없으므로 무력충돌에 대한 걱정은 안 해도 됩니다. 하지만 만약 북한이 붕괴된다면 한·미 간에 전시작통권이 변환된다면서 어떻게 관리할 것인지를 신경 써야 합니다.

마지막으로 한국 내에서 북한 급변사태에 대해 어떻게 준비할 것인지가 가장 중요한 것 같습니다. 외국 사람으로서 제일 아쉽고 답답한 것은 남남갈등입니다. 남남갈등을 어느 정도 해소하지 못하면 만약에 북한이 붕괴됐을 때 그 상황은 더욱더 어렵게 진행될 것입니다. 여·야, 노·사, 노·노, 진보·보수 등의 남남갈등을 어느 정도 해소하지 못하면 북한 급변사태에 대한 준비가 불가능할 것입니다. 현재 한국 사람들은 심각하게 싸우고 있습니다.

저희는 앞으로 새터민(탈북자) 문제에 대해서 연구하려고 합니다. 거의

9,000명의 새터민들이 대부분 남한 정착에 성공하지 못하고 취직의 어려움과 차별을 겪고 있습니다. 9,000명도 수용하기 어려운데 북한 급변사태 발생 시 수많은 탈북자들을 어떻게 수용할 수 있겠습니까?

요즘 제가 대학교에서 발표할 때마다 마지막에 꼭 한 학생 정도는 이렇게 반박합니다. "우리가 왜 탈북자를 받아야 들여야 합니까?" 그만큼 대학가에는 개인주의가 만연합니다. 현재 남한에 있는 탈북자조차 제대로 수용하지 못하고 있는 사실은 북한 급변사태를 준비하지 못하는 현실을 잘 보여주는 것입니다.

마지막으로 한국 사람들이 북한 급변사태 발생 시 어느 정도 경제적 희생을 감수할 수 있는지 아직 확인하지 못했습니다. 그래서 차라리 포용정책이 낫다고 생각하는 사람도 많은 것 같습니다. 지금 조금씩 북한을 지원해 주면 나중에 북한 급변사태가 발생했을 때 쉽게 해결할 수 있다고 생각하는 사람이 많습니다. 북한 급변사태에 대해 앞으로 훨씬 더 많이 준비해야 한다고 생각합니다.

A

유호열
고려대학교 행정대학원장

피터 벡 박사님께서 좋은 토론해주셨습니다. 다방면에 워낙 재주가 많으시기 때문에 급변사태에 대해서도 그 본질을 잘 지적해주신 것 같아요. 현실화 가능성이 있는 북한 급변사태의 유형, 그리고 그렇지 않은 유형, 가장 중요한 핵심 변수가 무엇인지에 대해서 우리가 앞으로 연구해나가야 할 부분을 아주 날카롭게 지적해 주셨습니다.

우리가 북한의 급변사태를 논의하는 이유 중 하나가 급변사태가 발생했을 때, 우리가 어떻게 대처해야 하는가를 준비해야 하기 때문입니다. 햇볕정책을 추진한 우리 정부는 아마 급변사태가 발생하지 않기를 바랄 것입니다. 그런데 만약 급변사태가 발생하더라도 어떻게 연착륙시킬 것인가에 더 관심을 가지고 연구해야 합니다. 한동안 통일비용 논의가 대두되고 통일비용이 워낙 높게 추정되니까 급진적인 통일, 독일식 통일은 바람직하지 않다는 방향으로 의견이 기울었습니다. 때문에 되도록이면 오랜 교류·협력을 진행하는 데 드는 비용은 퍼주기가 아니라 통일에 대한 일종의 투자라는 개념으로 접근했습니다. 그런데 급변사태라는 것은 누구도 예측하지 못한 상황입니다. 그런 사태에 대비하여 준비하는 나라, 준비하는 사람과 그렇지 않은 경우는 엄청난 차이가 있습니다.

한편으로는 경우에 따라서는 우리가 북한의 급변사태를 활용할 필요도 있습니다. 그리고 그럴 경우에 우리가 주도적으로 대처하여 활용할 필요가 있는 것도 북한 급변사태 가능성에 대해서 전략적으로 접근해야 될 이유 중 하나입니다.

중국이 북한의 급변사태에 얼마만큼 개입할 것이냐의 문제지 개입할 것이냐 말 것이냐는 이미 현실에서 벗어난 문제라고 지적해 주셨습니다. 그만큼 중국은 북한의 급변사태에 대한 준비를 꾸준히 해오고 있습니다. 어떻게 보면 지금 논의되고 있는 동북공정, 별로 경제성이 없는 것 같은데도 북한에 대대적인 투자를 하는 이유도 결국 그런 사전 포석이 아닌가 하는 생각을 하게 합니다. 그런 중국에 대해서 과연 우리는 어떤 입장을 가져야 할 것인가는 앞으로 계속 생각해봐야 할 문제입니다.

미국과 중국 간의 합의에 대해서도 생각해 볼 여지가 있습니다. 두 나라가 만약에 북한 문제를 놓고 합의를 한다면, 북한을 남한 소속으로 보아 남북한이 하나의 국가로 통합되는 것을 논의하기보다는 북한이라는 지역을 별도의 한 지역으로 상정해서 이 지역을 어떻게 안정화시키고 관리할 것인가를 논의할 가능성이 높습니다. 그리고 설사 대한민국과의 통합을 논의한다 해도 그때는 북한 지역 주민들의 자유의사에 맡기는 방향이 아니겠는가 생각합니다. 미국과 중국 입장에서는 그러한 결정이 한국에 바로 위임하는 것보다 나을 것입니다. 그렇게 생각하면 미·중 간에 굉장히 복잡한 얘기도 많이 해야 되고, 아마 20시간도 모자라서 그 후에도 후속 비밀회담이 있지 않았을까 하는 생각을 합니다.

그런 의미에서 전시작전통제권 환수 문제를 볼 때, 우리가 그것을 자주의 문제라고 여기고 논의의 범위를 좁혀놓으면 더 얘기할 것도 없습니다. '북한 문제에 대해 추후 포괄적이고 공동으로 접근하자'라고 해놓으면 더 이상 얘기할 게 없기 때문에 정상회담을 짧게 끝내는 것입니다. 밑에 있는 실무자들도 그런 틀이 정해지면 참 협의하기가 어렵습니다. 급변사태라는 중요한 문제에 접근할 때는 구체적인 상황에 따라 주머니에서 준비된 카드를 꺼내서 대처할 수 있도록 모든 노력을 기울여야 합니다. 그동안 7~8년, 길게는 9년 정도 북한과 교류·협력하면서 북한을 좀 더 많이 알게 된 것이 하나의 소득이라면, 이제는 그것을 토대로 우리의 필요에 따라 주도적으로 급변사태에 대응할 수 있는 방안을 생각해야 합니다.

경우에 따라서는 북한의 급변사태를 촉진시킬 수 있는 부분도 있습니다. 그렇다고 해서 '김정일암살단을 조직하자'는 얘기는 아니고요. 또 '김정일이 어떻게 하면 빨리 죽을 수 있을까' 그런 방안을 마련하자고 주장하는 것도 아닙니다. 동유럽이 민중들의 주도로 평화롭게 그러나 급진적으로 변화한 사례처럼 북한도 그러한 변화가 일어날 수 있도록 우리가 도울 수 있지 않느냐 하는 생각입니다. 연착륙만이 모든 것의 해결책이 아니고, 경우에 따라서는 급변사태도 우리가 준비만 되어 있다면 기회로 활용할 수도 있다는 얘기죠. 유럽에서 헬싱키 조약에 따라 동유럽을 변화시킨 것과 같은 방안을 구상해서 필요에 따라 활용하는 노력이 필요합니다. 정부 차원에서 또는 시민단체 차원에서도 문제를 적극 해결하고 활동해주었으면 합니다.

NDI 평가

「정치외교 분야에서의 북한 급변사태: 유형과 대응 방안」에서는 최근 한반도 주변 정세의 변화로 보아 북한 내외의 급변사태가 발생할 개연성이 높아지고 있다고 주장한다. 따라서 발생 가능한 급변사태의 유형을 살펴보고 이에 대한 남북한과 주변국의 입장과 반응을 검토하여 바람직한 대책을 모색해보고자 하는 것이 이 글의 문제의식이다.

이 글에서는 발생 가능한 급변사태의 유형을 크게 지도자 신상 변화, 쿠데타 발생, 내부로부터의 변혁 요구 급증과 주민봉기, 이렇게 세 가지 형태로 나누어 분석한다. 그 다음에 각 유형별 급변사태 발생 시 미국과 중국, 일본, 러시아의 대응을 예상하고 있다. 급변사태 발생 시 우리는 일차적으로 내정불간섭 원칙을 준수하는 한편으로 민족 문제나 인권 차원에서 적극적인 지원을 해야 하고, 또한 유엔 등 국제사회의 관여를 제도화해 나가는 노력이 필요하다고 보고 있다.

급변사태란, 말 그대로 예측 불가능하고 '매우 빠른 시간 내에 대규모 또는 근본적인 변화를 초래할 사태'를 가리킨다. 그럼에도 불구하고 우리는 언제 어떻게 발생할지 모르는 0.1퍼센트의 가능성에 대비하여 급변사태에 대해 연구하고 대응책을 마련하려는 노력을 기울여야 한다. 그리고 그 0.1퍼센트의 가능성은 시시각각 변하는 북한의 행태와 국제 정세의 변화에 따라 민감하게 반응한다. 그런 의미에서 다양한 유형의 급변사태가 발생할 수 있다. 이 글에서 제시한 세 가지 유형의 급변사태는 다양한 급변사태 유형을 포괄할 수 있는 종합적인 분류이며 그 발생 가능성이 비교적 높다고 할 수 있다. 최근에는 북한의 핵실험이라든가 주변국 간 이해관계의 상충이나 조정, 그리고 세력 균형의 변화에 의해 발생할 수 있는 급변사태 가능성도 무시할 수 없게 되었다.

이 글에서는 급변사태 유형에 따른 주변국의 예상 대응이 다각도로 제시된 반면, 우리의 적극적인 대응 노력을 구체화하지는 못했다. 북한 급변사태 발생 시 직접 개입은 힘들더라도 주변국들의 반응에 따라 우리가 주변국을 상대로 전개할 수 있는 외교적·정치적 대응이 있을 것이다. 그리고 국제사회에 남북한 특수 관계를 설명하고, 우리의 통일에 바람직한 방향으로 급변사태를 안정시킬 수 있도록 설득하는 노력을 해야 한다.

제2장
북한 급변사태 시 군사 차원 대비 방향

백승주 | 국방연구원 북한연구실장

1. 문제 제기

1990년대 이후 북한의 상황을 설명하고 예측하는 용어로 '급변사태'라는 개념이 사용되고 있다.[1) 1990년대 중반에 처음으로 북한의 급변사태 가능성이 활발하게 논의된 배경에는 북한의 심각한 경제난이 있었다. 경제난으로 인해 탈북자가 발생하고, 탈북자의 증언을 통해 '북한 지역에 대규모 아사자가 발생한 사실'이 광범위하게 알려지면서 급변사태 가능성이 논의된 것이다. 특히 1997년 1월 황장엽 비서 등 북측 고위인사가 한국으로 망명하면서 권력 장치 내부에도 심각한 문제가 있는 것으로 추측되었기 때문이다.

그러나 1997년에 노동당 총비서로 추대되고, 1998년에 국방위원장으

---

1) 북한 급변사태 개념은 북한의 붕괴 상황, 불안정, 경제적 위기, 체제 위기라는 말과 엄격한 구분 없이 사용되고 있다.

로 선출된 김정일이 권력을 안정적으로 관리하는 가운데 미·북기본합의서를 바탕으로 대서방 생존외교를 활발히 전개했다. 아울러 경제적 실리를 확보하는 대담한 대남정책을 추진하여 적어도 2002년 10월 2차 핵위기 상황이 발생할 때까지 '급변사태 논의'는 설득력을 잃어갔다.

그러나 2002년 10월 2차 핵위기가 발생하면서 북한체제에 대해 또 다시 내부 환경 변화와 외부 충격에 의한 급변 가능성이 재론되는 상황이다. 특히 2006년에 들어 북한 핵 문제를 평화적으로 해결할 가능성이 낮아지면서 급변사태 발생 가능성에 대한 관심이 다음 몇 가지 사항을 근거로 다시 높아지고 있다. 첫째는 북한 핵문제의 평화적 해결 과정이 좌절될 수 있고, 그 결과로 급변사태가 발생할 수 있다. 북한의 핵 프로그램을 평화적·외교적 방법으로 해결하지 못할 경우에 미국을 중심으로 한 서방국가가 물리적으로 해결할 수밖에 없고 그러한 상황은 북한의 급변사태를 초래할 가능성이 있다. 둘째는 2차 핵위기 이후 실질적으로 국제사회의 대북 경제제재가 진행되면서 경제난이 심화되고 있다. 경제난 심화가 북한 주민의 당과 지도자에 대한 충성심을 이탈시켜 정치적 불안정을 만들 수 있다. 제한적 경제 개혁의 부작용으로 주민들의 정치의식이 변할 수 있으며, 의미 있는 변화(significant change)가 진행 중이다. 셋째는 제한적 경제 개혁을 추진하는 과정에서 권력 장치 내부의 권력 투쟁이 진행될 수 있다. 특히 김정일 이후 승계 문제가 상승작용을 일으킨다면 내부 불안정이 발생할 수 있다. 넷째는 북한이 핵보유를 선언하거나 핵실험을 강행하여 중국과 심각한 마찰이 생길 경우에 중국은 서방과 함께 북한체제는 유지하되, '지도자는 교체하는 정치변동(regime change)'을 도모할 수 있다. 이러한 상황은 김정일 실각으로 진행될 수 있다.

이 글은 급변사태의 유형을 소개하고, 급변사태가 실제로 발생했을 때 국제법 차원에서 국제사회가 개입할 수 있는 근거를 고찰하여 우리 국군이 어떻게 대응할 수 있는지를 전망하는 데 그 목적이 있다.

2. 예상되는 북한의 급변사태

1) 급변사태 개념

우리의 안보정책 차원에서 대비해야 할 북한의 급변사태는 ① 전쟁 이외의 다양한 위기사태(various crisis short of war), ② 한반도 안정 위협과 전쟁으로 발전 가능한 북한 불안정(instability in NK which threatens the ROK and peace on the peninsula), ③ 북한 내 불안정 상황을 전반적으로 취급한 총괄 개념(an overarching concept for dealing with instability)으로 이해할 수 있다.

국방연구원의 한 연구보고서[2]는 "북한의 급변사태라고 하는 것은 한·미 양국의 안보목표를 심각하게 위협하는 북한 내부 상황, 또는 한·미 양국을 포함한 주변국들의 안보이익에 막대한 영향을 미치는 상황"이라고 정의하면서 이러한 상황으로 ① 위로부터의 정변, ② 아래로부터의 폭동, ③ 위로부터의 정변+아래로부터의 폭동을 제시하고 있다.

---

2) 김창수·엄태암·박원곤, 『북한 급변사태 시 한·미협력방안』, 국방연구원(1997.6). 한·미 간에 작성하고 있는 지침 속에서는 "전쟁 이외의 급변사태(contingencies short of war)", 미 국방부가 1997년 5월에 발표한 『4년 주기 국방검토』(QDR)에서는 '소규모 우발사태(smaller-scale contingencies)'로 불리며, 유사한 개념으로는 '전쟁 이외의 군사작전(military operations other than war)', '위기 및 소규모 분쟁(crises and lesser conflicts)'이 있으며, 일반적으로 '붕괴(collapse)'라는 단어와도 혼용되고 있음을 지적하고 있다.

1992년에 수행된 국방연구원의 또 다른 연구보고서[3]는 북한의 급변사태를 주민의 소요사태가 체제 붕괴로 진행되는 일련의 과정으로 이해하고 있다. 동 보고서의 개념에 의하면 급변사태는 네 단계로 진행된다. 첫째 단계에서는 대규모 식량폭동이나 민주화 요구에 의해 주민의 소요사태가 발생한다. 둘째 단계에서는 보위부와 군부의 무장력이 동원되어 소요를 강경하게 진압하게 된다. 셋째 단계에서는 민중봉기가 지속·확산되어 조직적 반체제 활동이 진행된다. 이 단계에서는 소요세력의 지도부가 구성되고, 당·군 일부 세력이 이탈하며, 치안이 부재하고 무정부 상태에 이르게 된다. 넷째 단계에서는 체제 자체가 붕괴된다. 체제는 유지 능력을 상실하게 된다. 이러한 과정에서 상정할 수 있는 급변사태의 주요 상황으로 ① 극도의 혼란 상황 전개, ② 반체제·개혁 세력의 지원 요청, ③ 중국의 직접 개입(사회주의 정권 유지를 위해), ④ 국지 혹은 전면적 무력 도발, ⑤ 탈북 난민·망명자·귀순자의 발생 등을 들고 있다.

급변사태를 체제의 연속되는 측면보다 변화되는 측면이 단기간에 급증하는 상황으로 보고, 체제변동이라는 개념을 통해 북한 상황을 설명하고 있다. 이와 관련하여 갈퉁 교수는 권력 엘리트(power elite), 정권(regime), 체제 또는 국가(system or state) 차원에서 붕괴가 진행될 수 있음을 지적하고 있다.[4] 국내 학계에서는 북한 상황을 설명·예측하는 데 급변사태라는 용어를 붕괴, 혼란, 위기 등과 혼용하고 있다.[5]

---

[3] 김계동·김광식, 『북한의 급변사태 전개 전망과 아국의 대응책』(국방연구원, 1995).
[4] Johan Galtung, "The two Koreas and four Scenarios: Collapse, and Cooperation 2+3," 민족통일연구원 및 고려대학교 평화연구소 초청 강연, 1996년 10월 14일.
[5] 한국정치학회·한국정치학회 충청지회가 1997년 11월 14일에 '한반도 급변사태 시 과제와 대책'이라는 주제의 안보국방 관계 특별학술회의를 개최했는데 발표

「북한의 재앙적 붕괴(catastrophic collapse of North Korea)」라는 글을 통해 북한의 급변 상황을 분석한 미군 장교 맥스웰은 기존의 체제 유지 정책의 포기, 김정일의 축출을 통한 개혁·개방의 확대, 김정일의 국외망명과 중앙정부 기능의 마비, 권력 장치 내부의 쿠데타 등을 상정하고 있다.

북한의 급변사태와 관련한 앞에서의 논의를 종합하면 '북한의 급변사태'는 다음 두 가지 의미를 내포한다. 첫째는 기존 북한체제가 단기간 내에 스스로 극복할 수 없는 성격·규모의 내부 불안정이 발생하는 상황이다. 둘째는 내부의 불안정이 확대·심화되어 한반도와 동북아, 국제사회의 개입에 의해 해결이 모색되는 상황이다.

2) 급변사태의 주요 유형

급변 상황의 범주(category)는 앞의 개념적 내포(connotation)에 따라 두 가지 차원에서 살펴볼 수 있다. 즉 스스로 회복할 수 없는 내부적 위기 상황이면서 이해 관련국을 중심으로 한 국제사회가 정책적 차원에서 해결을 모색해야 하는 상황이 급변 상황의 주요 범주를 구성한다고 볼 수 있다.

북한 스스로 극복할 수 없는 내부적 위기 상황이다. 이러한 내부적 위기 상황은 분야별로 엄격하게 분리하여 상정하기 어렵지만 위기 발생의 중심 요소별로 다음과 같이 나누어 생각할 수 있다.

첫째는 북한의 국내 정치적 위기 상황이다. 체제 유지, 지배기구의 핵심인 김정일과 노동당의 지도 기능 마비이다. 김정일의 사망, 암살, 실각, 노동당의 마비는 북한의 정치적 혼란을 초래할 것이며, 그 혼란을

된 글의 대다수는 급변사태의 명확한 개념에 대한 논의 없이 위기, 혼란, 붕괴 등과 구별 없이 사용했다.

단기적으로 극복하기는 어려울 것이다.

안드레인은 제3세계의 정치변동을 변동 범위·수준의 차별성을 근거로 ① 체제와 체제 간의 변화(between-system changes), ② 정책 과정의 변화를 의미하는 체제 내적 변화(within-system changes), ③ 정책적 차원의 변화(policy changes)로 나누는데, 체제와 체제 간의 변화 위기는 북한의 정치적 혼란을 의미한다. 이러한 위기가 조성되는 과정에서 지도자의 사망, 암살, 노동당의 기능 마비 등을 예상할 수 있다.

둘째는 경제·사회적 위기 차원에서 보면 국가의 자원 부족이나 식량난이 사회적 혼란, 체제 위기로 진행되는 상황이다. 즉 식량 부족으로 인해 국내 정치 과정의 기능이 정지되고 단순한 경제 정책 차원의 변화가 아니라 권력 구조나 체제 차원의 질적 변화가 임박한 그런 상황을 의미한다. 식량과 관련한 폭동이 발생하여 체제 변혁을 요구하거나 식량 문제와 관련하여 권력 내부의 갈등 등의 요인으로 인한 김정일 체제의 붕괴, 노동당 일당지배의 와해 등이 이런 상황에 해당된다.

셋째로 군사적 위기 상황이다. 북한체제의 속성을 고려할 때 정치와 군사를 분리해서 분석하는 데는 어려움이 많지만, 북한체제가 직면할 군사적 위기는 다음 두 가지를 고려할 수 있다. 첫째는 북한의 군부가 분열하여 내전으로 진행되는 상황이다. 내전이 다른 정치적 위기, 경제·사회적 위기와 밀접한 상관관계를 맺으면서 발생할 수 있다. 김정일의 갑작스러운 사망에 따른 권력의 진공 상황이나 쿠데타, 사회적 소요의 확대에 편승하여 군사령부 간에 영향력 확대와 대내외 정책에 대한 갈등으로 촉발될 수 있다. 둘째는 북한이 국지 도발하거나 대량살상무기 개발을 지속하여 주변국의 예방적 공격을 초래할 수도 있다. 북한의 핵무기를 제거하기 위해 미국이 선제공격을 선택하고, 북한이 대규모 보복을 선택할 경우에 북한과 미국의 충돌이 한반도 전체로 전화될 가능성이 있다.

3) 내부 불안정 촉발 가능성

급변사태로 진행할 수 있는 가장 큰 내부 불안정 요소는 현 북한 지도자의 실각 가능성이다. 지도자의 실각은 권력 장치 내부에서 축출되는 경우, 조직화된 주민들의 저항으로 몰락하는 경우, 외국의 정치적 압력에 의해 권좌에서 물러나는 경우를 상정할 수 있다. 당·군·정이라는 권력 기반 내부에서 김정일의 정책에 반발하여 김정일을 책임 있는 자리에서 물러나게 하는 경우를 실각으로 볼 수 있다. 1959년 대약진운동 실패의 책임을 지고 마오쩌둥이 국가주석 자리를 류사오치(劉少奇)에게 내주고 일시적으로 물러난 방식이다. 그러나 현재 북한의 당·정·군 내 권력 구도를 살펴볼 때 그럴 가능성은 거의 없어 보인다. 실리사회주의 이후 주민들의 경제 마인드가 변하고는 있지만 조직화된 주민들의 정치운동으로 정권이 퇴진할 가능성은 높아 보이지 않는다. 다만 핵 문제 해결 과정에서 중국 등과 심각한 마찰이 형성되고 그러한 마찰이 국내 권력 내부와 연계되어 작용할 때 실각할 가능성을 배제할 수는 없다. 국방연구원 사회조사통계실의 조사 결과, 전문가들은 김정일이 실각할 가능성을 30퍼센트 정도로 보고 있다.[6]

둘째로 급변사태를 유발할 수 있는 불안정 상황은 대규모 난민사태의 발생 가능성이다. 규모와 성격 면에서 현재 진행 중인 북한 주민의 탈출사

---

[6] 2005년 12월 국방연구원 사회조사통계실이 북한전문가 52명을 대상으로 설문조사한 결과이다. 백승주, 「중장기 북한의 돌출행동 및 상황발생 가능성 전망 및 대응방향」, 『합참 민사정책계엄서』(2005).

태와 달리 정부가 통제력을 상실하거나 주변 국가와 마찰을 빚으면서 진행되는 난민사태를 말한다. 자원 공급의 파산 심화로 발생한 국내적 유동성 증가가 대량난민을 유발할 수 있다. 난민 발생 시나리오 중 가장 실현 가능성이 높다. 육로나 해상을 이용하여 탈출하되 그 규모에 따라서는 인접국과 마찰을 빚을 수 있다. 국방연구원 사회조사통계실이 조사한 결과, 전문가들은 이러한 상황이 발생할 가능성을 45.5퍼센트로 보고 있다.

3. 북한 급변사태와 국제법

1) 외부 개입과 국제법

국제법은 구속력에 한계가 있다. 즉 국제법을 위반하는 경우에는 이를 제재할 수 있는 현실적 수단이 취약하기 때문에 강대국이 국제법을 위반한다 해도 사실상 불이익을 받지 않는다는 것이다. 역사적으로도 힘에 바탕을 둔 현실적 영향력이 국제법의 구속력보다 우위에서 핵심적인 역할을 한 사례가 빈번했다. 특히 미국의 이라크전은 그 좋은 예로 볼 수 있을 것이다.[7]

국제법은 합법적 전쟁과 불법적 전쟁의 차이를 인정하고 있다.[8] 그럼에

---

[7] 이라크전 발발과 관련하여 부시 대통령은 이라크의 대량살상무기 위협에 대한 미국의 자위권(예방적 자위권)을 여러 차례 강조했으나, 미국의 이라크전은 규범적 관점에서 일반적으로 인정되는 자위권의 범주를 벗어나는 것으로 볼 수 있다. 그러나 미국의 이라크전은 국제사회의 비난 속에서도 수행되었고, 미국의 승전에 따라 전후 처리에 유엔까지 참여하는 모습을 보이고 있다.

[8] Sheldon M. Cohen, *Arms and Judgment*(USA: Westview Press, 1989), p. 21.

도 국제관계에서 일어나는 군사 문제와 관련하여 국제법은 사실상 강대국이나 승전국의 명분으로 활용되거나 종종 무시되는 경우가 빈번하게 발생되어 왔다. 물론 전통적인 전쟁법규라 할 수 있는 헤이그 전쟁법규나 제네바 전쟁법규에서 규율하고 있는 전쟁 수행 문제, 포로 문제, 종전처리 문제 등과 관련된 내용의 규범력은 꽤 높은 것으로 인식된다.[9] 그러나 타국에 대한 군사개입 자체를 결정하는 데 사실상 국익이 유일한 판단 근거로 고려되며, 국제법적 측면은 대외적 명분으로만 제한적으로 기능을 하는 경우가 많았다. 이와 같이 역사적 경험은 국제법의 실질적 규범력의 확대를 필요로 하면서도 현실적으로는 그 실효성에 대한 회의를 동시에 보여준다.

이러한 국제법상 구속력의 한계를 보여주는 국제정치적 현실을 감안할 때, 북한의 급변사태 시 주변국의 개입 가능성에 대한 평가나 상황별 비교·분석에 대한 국제법 논의는 그 중요성을 인정받지 못할 수도 있다. 그러나 역사적으로나 지정학적으로 다른 지역과는 달리 현 한반도 상황에서 국제법이 차지하는 비중을 결코 간과할 수 없다.

첫째는 한반도가 주요 강대국이 힘의 균형을 이루고 있는 지역이라는 점이다. 힘의 균형이 어느 일방에 의해 압도적으로 기울어진 상황이라면 단기간 내에 물리적 힘, 즉 군사력을 통한 해결을 시도할 수 있으나 한반도와 같은 힘의 균형 속에서는 어느 국가도 일방적 정책 추진이 어렵다. 따라서 국제법적 우위를 확보하는 것은 그만큼 중요성을 인정받을 수 있다.

---

9) 자세한 내용은 Dietrich Schindler and Jiri Toman, *The Laws of Armed Conflict*(Geneva: Henry Dunant Institute, 1988) 참조.

둘째는 현 정전체제의 규범적 특징 때문이다. 한반도는 정전협정이라는 남북한,[10] 미국(형식적으로는 유엔), 중국 등이 연관된 조약에 의해 질서가 규정되어 있다. 따라서 한반도에 유사한 문제가 발생하여 현 정전체제에 변화가 생기려 한다면 남북한 외에도 미국과 중국은 어느 정도의 법익을 보유하고 있으며 이에 근거하여 행동할 수 있을 것이다. 이처럼 한반도에 놓여 있는 복잡한 법률관계는 그만큼 문제 해결에서 국제규범의 중요성을 내포하고 있다고 볼 수 있다.

이 같은 이유로 인해 역내 어느 국가 일방이 국제규범을 무시하고 자의적으로 군사행위를 감행한다면 이는 곧 타 국가들의 대항을 낳을 것이다. 따라서 대북 군사개입은 국제법적 근거 없이 이루어지기는 어려울 것으로 보인다. 대북 군사개입 관련 국제법 고찰의 필요성이 여기에 있다.

2) 국제법상 군사개입의 제한

유엔 설립 이래 국제사회에서 타국에 대한 일국의 군사개입은 원칙적으로 금지되고 있다. 역사적으로 국제법 주체로서의 '국가'는 자주적 생존권을 보장받아왔으며 그 국가의 구성 요소라 할 수 있는 영토, 국민, 주권에 관한 타국의 부당한 간섭을 배제할 권리를 인정받아왔다. 이는 유엔 헌장에도 잘 나타나 있다.

유엔 헌장 제2조 3항은 "모든 회원국은 국제평화와 안전 그리고 정의가 위협받는 일이 없도록 국제분쟁을 평화적 수단에 의해 해결해야 한다"고 규정하여 '분쟁의 평화적 해결 원칙'을 선언하고 있다. 즉 국가 간의

---

10) 형식적으로 한국은 정전협정의 당사자는 아니나, 실질적 당사자 자격은 지닌 것으로 볼 수 있다.

분쟁은 국제재판, 중재 등 평화적 방법으로 해결해야 한다는 것이다. 또 유엔 헌장 제2조 4항은 "모든 회원국은 국제관계에 있어 다른 국가의 영토보전이나 정치적 독립에 반대되거나 또는 국제연합의 목적과 양립할 수 없는 다른 어떠한 형태의 무력 위협 또는 무력행사를 삼가야 한다"고 규정함으로써 타국에 대한 부당한 군사개입을 불법화하는 '비개입원칙'을 선언하고 있다. 더 나아가 유엔은 1965년의 국내 정치 개입 불인정 및 독립·주권의 보호를 위한 선언에서 타국의 정치·경제·문화적 여러 요소에 관한 군사개입 등 국가의 자주성을 해치는 모든 개입을 불법으로 선언했다. 이와 같이 '분쟁의 평화적 해결원칙'과 '비개입원칙'은 유엔 헌장상 '국제평화주의'를 구성하는 핵심 내용이라 할 수 있다. 그러므로 타국에의 군사개입은 어떠한 상황이든 원칙적으로는 모두 제한을 받는 것으로 볼 수 있다.

3) 국제법상 군사개입 가능 상황

그러나 '예외 없는 법률 없다'는 평범한 법언(法諺)과도 같이 '비개입원칙'에도 또한 예외는 존재한다. 이는 사실상 '비개입원칙'의 포기가 아니라 특정한 상황하에서 예외를 인정함으로써 동 원칙을 좀 더 확실하게 보장하려는 것으로 볼 수 있다. 모든 상황에 대한 '비개입원칙'의 고수는 사실상 원칙 유지를 불가능하게 할 것이기 때문이다. 이러한 이유로 국제사회에서는 다음 세 가지 경우가 논의되고 있다.[11]

---

11) 그럼에도 이러한 예외적 상황이 '비개입원칙'을 회피하는 수단으로서 악용되는 사실 또한 부인할 수 없다. 여기에서 국제법이 갖는 구속력의 한계를 다시 한 번 확인할 수 있다.

(1) 피개입국의 승인에 의한 개입

국제법상 예외적으로 인정되는 군사개입으로서 첫째는 피개입국의 승인이 있는 경우를 들 수 있다. 국가의 자유의사를 존중하는 것이 국제법의 기본 원칙이다. 이에 입각하여 피개입국이 타국의 군사개입을 요청하는 경우, 혹은 군사개입을 승인하는 경우에 합법적으로 개입이 인정된다는 것이다. 이때 피개입국의 승인 유형으로는 조약에 의한 경우와 정부기관의 요청이 있는 경우를 들 수 있다.

조약에 의한 개입(intervention by treaty)은 국제법상 비개입 원칙의 예외조항으로 가장 명백히 인정되는 것으로서 '조약 자체에서 평시에도 타국의 군부대를 주둔시키는 형태'와 '평시에는 타국의 군대를 주둔시키지 않으나 특정한 위기 상황 발생 시 타국의 군대개입을 약정'하는 두 가지 형태로 구분할 수 있다. 전자의 예로는 '한·미 상호방위조약'을 들 수 있으며, 후자의 예로는 '조·중 우호협력 및 상호원조 조약'을 들 수 있다. '조·중 우호협력 및 상호원조 조약'은 중국과 북한이 체결한 것으로서 '타국 또는 수개 국가의 연합으로부터의 무력 침공'[12] 요건이 충족될 경우, 중국은 북한에 대해 합법적 군사개입을 감행할 수 있다.

정부기관의 요청에 의한 개입(intervention by invitation)의 경우는 특정 상황 발생 시 자국의 힘만으로 문제를 해결할 수 없을 때 그 국가의 정부가 타국에 지원을 요청함으로써 이루어지는 개입을 말한다. 이는 흔히 내란 중에 외국의 힘을 빌려 반군을 진압하려는 목적에서 이루어지

---

[12] '조·중 우호협력 및 상호원조에 관한 조약' 제2조, "쌍방은 타국의 침략방지를 위해 공동 조치를 취할 의무를 지니며 조약당사국 일방이 어느 국가나 수개 국가의 연합으로부터 무력침공을 받아 전쟁 상태에 처할 경우 지체 없이 모든 수단을 동원하여 군사 및 기타 원조를 제공해야 한다."

며, 요청 국가는 기존의 합법정부임을 요한다. 신생정부의 요청은 흔히 교전단체일 경우가 많으며 이러한 신생 교전단체의 요청에 의한 개입은 타국에 대한 내정간섭으로서 합법적 개입으로 인정받는 데 한계를 안고 있다.

한반도의 모든 주변국은 '북한 정부'의 요청 시 합법적으로 북한에 개입할 수 있다. 북한 급변사태 시 북한 정부는 중국 등 주변국에 지원을 요청할 수 있다. 북한 정부의 대(對)주민통제력은 상실된 상황이라 하더라도 국가적 대표성은 인정될 수 있기 때문이다.

(2) 자위권에 의한 개입

국제법상 예외적으로 인정되는 군사개입으로서 자위권에 의한 개입을 들 수 있다. 자위권은 국가가 자신에 대한 급박한 위협을 배제하기 위해 일정한 한도에서 실력을 행사할 수 있는 권리를 말한다.[13] 이는 국가가 자신의 존재를 보전하기 위해 무력을 행사할 수 있는 권리를 인정받는 것을 내용으로 하며 '국가의 기본적 권리의 본질'을 이루는 것으로 인정되어 관습법 속에서 역사적으로 성립된 것이다. 이렇게 관습법으로 인정받아 온 자위권은 2차대전 이후 유엔 헌장을 비롯한 많은 성문 국제법에 등장함으로써 더 확실한 원칙으로 자리매김하게 된다.[14] 유엔 헌장 제51조는 "······국제연합 회원국에 대해 무력공격이 발생한 경우 안전보장이사회가 국제평화와 안전의 유지에 필요한 조치를 취할 때까지는 개별적

---

13) Ian Brownlie, *International Law and the Use of Force by States*(Oxford: Clarendon, 1963), p. 252

14) 자위권을 성문화한 대표적 예를 살펴보면, 유엔 헌장(제51조), 1947년 전미상호방위조약(제3조), 1948년 서구5국조약(제5조), 1949년 북대서양조약(제3조) 등을 들 수 있다.

또는 집단적 자위의 고유권한(inherent right)을 저해하지 않는다. ……"고 규정함으로써 자위권에 의한 무력행사를 규정하고 있다.15)

자위권에 의한 군사개입은 과거 그 남용과 관련하여 잦은 논란이 있었으며,16) 현대에 들어서는 그 요건을 엄격히 규정하고 있다. 이러한 자위권의 행사 요건 중 특히 '침해의 급박성'이 문제되고 있다. '침해의 급박성'이란 자위권의 행사는 급박한 침해 즉 현존하는 침해가 있어야 한다는 것인데, 급박한 침해나 현존하는 침해의 정도를 판단하는 기준과 기구가 없는 관계로 더욱 문제가 되고 있다. 이러한 문제는 사태 방지나 위험 예방과 같은 '예방적 자위권' 행사가 가능한가까지 확대된다.

'사태 전이 방지'를 위한 자위권 행사는 특정국의 내란과 같은 혼란 상황에 인접국이 피해를 입을 우려가 있는 경우 이의 예방을 위한 군사개입을 말하며, '위험 예방'을 위한 자위권의 행사는 특정국의 인접국에 대한 무력공격 가능성이 짙은 경우에 선제공격을 하는 것을 말한다. 현재 일반적으로 '사태 전이 방지'를 위한 자위권 행사 또는 '위험 예방'을 위한 '예방적 자위권' 행사는 규범적으로는 이론17)이 있으나 현실적으로

---

15) 규범적 관점에서 자위권은 전통적 자위권과 유엔 헌장상의 자위권으로 구별될 수 있고 이 양자 간에는 자위권의 내용과 관련하여 일정한 차이를 보이고 있다. 또한 자위권이 국가의 고유권한(inherent right)임에는 틀림이 없으나 자연법적인 전국가법·초국제법적 자연권(natural right)은 아니라고 보아야 할 것이다. Yoram Dinstein, *War, Aggression and Self-Defense*(Cambridge: Cambridge University Press, 1994), pp. 179~180.

16) 자위권의 남용이 대표적으로 논란을 빚은 것은 1914년 제1차 세계대전 당시 독일의 벨기에 침략, 1931년 일본의 만주침략, 1940년 독일의 노르웨이 침략, 1941년 태평양전쟁의 발단이 된 일본의 진주만공격 등을 들 수 있으며, 가장 최근에는 2003년 미국의 이라크전 등을 들 수 있다.

17) 예방적 자위권은 인정되지 않는다고 보는 것이 학계의 다수설인 듯하나 힘이 지배하는 국제사회의 현실에서는 이를 근거로 군사개입이 이루어지고 있으며,

는 일부 인정되고 있음을 부인할 수 없다.

따라서 북한에 대한 군사개입과 관련해서도 이 문제를 반드시 제외해야 할 실익은 없다고 생각되며, 논의의 대상에 포함시키는 것이 바람직할 것이다. 북한 붕괴 과정에서 일부 세력의 의도적·비의도적 남침이 이루어진 경우, 남침이 임박한 경우나 대량살상무기 사용이 전망되는 경우, 붕괴 과정에서 대량난민사태가 발생한 경우는 개입이 고려될 수 있을 것이다.

(3) 인도적 목적에 의한 개입

국제법상 예외적으로 인정되는 군사개입으로 인도적 목적에 의한 개입을 들 수 있다. 인권보호의 국제화 경향에 따라 인권 문제와 관련해서 국제사회는 전통적으로 이를 국내 문제로 보지 않고 있다. 국가는 외국에 있는 자국민의 보호와 자국 내에 있는 외국인의 보호에 관련된 권리·의무를 부담하고 있다.

따라서 특정국에 대규모 인권 탄압이 발생하는 경우, 이를 해결하기 위한 타국의 군사개입이 예외적으로 인정될 수 있다. 특히 대규모 인권 탄압이 발생하는 피개입국에 자국의 국민이 거주하는 경우, 그에 대한 인권탄압 발생 시 군사개입을 하는 것은 외교적 보호권의 문제로서 허용되고 있다. 물론 국제법은 외교적 보호권의 보호수단과 관련하여 외교적 교섭에 의한 담판, 국제사법 절차의 준수 등을 우선적 조건으로 요구하고 있다. 따라서 외교적 보호권의 경우에도 무력의 사용은 원칙적으로 인정되지 않는다고 보아야 하나 인권탄압의 정도에 따라 예외적으

국제법 규범력의 한계 영역으로 볼 수 있다.

로 인정될 수 있을 것이다.

외교적 보호권 문제를 떠난 인도적 개입 문제는 유엔 평화유지활동(Peace Keeping Operations; PKO)과 같은 유엔 활동을 통해 이루어지는 것이 원칙이나 국제정치적 이유에서 유엔이 직접 개입하지 않는 경우, 또는 급박한 상황하에서는 예외적인 개입도 인정되고 있다. 세르비아의 인권 문제에 국제사회가 군사적으로 개입한 것이 대표적인 개입 사례다. 따라서 북한 급변사태 상황 중에서 기아 폭증, 대량 인명학살과 같은 대규모 인도적 문제가 발발할 경우에는 국제사회의 군사적 개입이 가능하리라고 생각된다.

이상에서 살펴본 것 같이 예외적으로 인정될 수 있는 군사개입 상황은 결국 각국이 군사개입을 결정하며 원용할 수 있는 법적 명분이라고 할 수 있다. 이러한 국제법적 정합성을 중심으로 북한에 군사개입이 가능한 상황은 표와 같이 정리할 수 있다.

〈표 1〉 국제법적으로 적법한 대북 군사개입 상황

원칙	타 국가에 대한 군사적 개입 불가.			
예외	북한의 요청			조약에 의한 개입(다른 개입을 전제로 한 수동적 개입) 북한 정부기관의 요청.
	자위권	전통적 자위권		정규군·비정규군, 의도적·비의도적 남침 상황.
		예방적 자위권	위험 예방	남침 임박, 대량살상무기 사용 임박. ※ 국제법상 합법성 문제 발생.
			사태 전이 방지	대량난민 발생. ※ 국제법상 합법성 문제 발생. ※ 한국뿐만 아니라 중국, 러시아의 주도적 개입도 상정 가능.
	인도적 개입			대규모 인권 문제 발생. ※ 어느 일국의 개입보다는 지역 내 국가 또는 유엔을 통한 개입이 전망.

4. 제3국의 군사개입 상황과 유형

1) 개입 검토 가능 상황

'외부의 군사개입이 예견되는 북한의 급변사태'로는 어떠한 상황을 가정할 수 있을까? 북한 급변사태 진행 과정에서 외부의 군사개입이 가능한 상황은 ① 북한과 타국 간의 분쟁이 발생할 경우, ② 북한 내부의 심각한 분쟁으로 군사적 피해가 확산되거나 확산될 가능성이 큰 경우, ③ 체제 붕괴에서 촉발된 무정부 상황으로 대규모 인권 침해가 유발될 경우, ④ 북한의 완전 붕괴로 한국에 흡수되어 휴전 상태에 있는 남북한이 새로운 평화협정을 체결하여, 동 협정의 완전한 이행 과정을 감시할 필요가 있을 경우를 상정해 볼 수 있다.

(1) 국가 간 분쟁

북한이 당사자가 되는 국가 간의 분쟁은 중국과의 국경분쟁, 일본과의 해상분쟁을 고려할 수 있으나 실제로 발생할 가능성은 거의 없다. 북한과 중국이 군사동맹 관계를 유지하고 있는 현 상황에 북한과 중국의 분쟁 가능성도 거의 없다. 다만 북한 내부의 혼란이 발생하고 국경지역으로 대량난민이 발생할 경우, 난민에 대한 처리 문제로 북한과 중국 관계가 긴장될 수 있다. 그러나 중국과 북한은 이러한 긴장 관계를 해결하는 수단으로서 유엔을 이용할 가능성이 매우 낮다. 중국의 외교적 위상을 고려할 때 외교력으로 해결하거나 극단적으로는 군사력으로 해결할 것이다. 일본과의 분쟁 가능성도 거의 없다. 다만 북한 내부의 혼란으로 해상난민이 발생(극히 일부겠지만)하고 일본이 해상난민에 대한 처리문제로 북한과의 관계가 긴장될 수 있다. 또 남북 관계가 교전 상황으로 진행되고 주일미군, 자위대의 주한미군 지원문제를 구실로 일본과 교전 상황이 일어날 수 있다.

한편 한국 또는 미국과의 군사적 분쟁 가능성은 중국이나 일본과의 분쟁 가능성보다는 높을 것이다. 북한의 대량살상무기 개발이 지속되고, 한·미·일 등 국제사회의 압박이 지속되며 북한의 경제가 파탄으로 치닫는 다면 한국에 대한 불신과 불만이 팽배하고 긴장이 심화되어 최악의 경우에는 분쟁이 발발할 가능성을 배제할 수 없다. 그러나 붕괴해가는 북한정권이 대규모 전면전(desperate attack)을 실제로 일으킬 가능성은 높지 않다.

(2) 내부 세력 간 군사적 충돌

현실적으로 발생할 가능성이 낮지만 북한 내에서 국내 정치세력 간의 분쟁은 다음과 같은 상황에서 발생·진행될 수 있다. 첫째는 노동당 내부의 노선경쟁이다. 국가의 주요한 생존정책의 조정을 둘러싸고 갈등이 발생하고, 그러한 갈등이 군부의 갈등으로 파급되어 내전이 진행되는 경우이다. 김정일의 후계구도를 둘러싼 갈등이 내부의 실력대결로 진행될 가능성을 완전히 배제할 수 없다.[18]

둘째는 이념적 분쟁이다. 식량난, 경제위기, 폭압정치 등으로 주민의 불만과 반발이 확산되고 이러한 정치적 불만을 조직화하여 노동당에 대항하는 정치결사체가 조직될 경우이다. 이렇게 될 경우, 노동당 추종세력과 노동당을 비판하는 세력 간에 폭력적 대결이 진행되는 상황이다.

---

[18] 김구섭·고성윤·성채기·서주석·백승주·김창수, 『북한의 체제변화에 대한 안보전략』(국방연구원, 1997), 18~22쪽.

조직화 차원에서는 미미하지만 1990년대 들어 반체제 사건이 간헐적으로 발생한 것[19]은 이러한 상황의 발생 가능성이 전혀 없지 않다는 것을 시사해주고 있다. 그러나 조직적 차원에서 지속적으로 반체제 활동이 진행되고 있는 징후는 보이지 않고 있다.

셋째는 정치적 반대세력에 대해 대량학살을 자행하는 경우이다. 노동당 내부의 분쟁이나 이념적 분쟁에서 승리한 측이 반대세력에 대해 대량학살을 자행하는 경우이다.

북한 내부 세력 간의 군사적 충돌이 타 국가로 전이될 경우 또는 내부 투쟁에서 승리한 측이 상대방에 대해 대량학살을 감행할 경우에는 주변국의 개입이 고려될 것이다. 또 분쟁이 어느 일방의 단기간 내 승리로 안정을 회복하지 못하고 정체되는 경우에도 이로 인한 불안정을 해소하기 위해 주변국의 개입이 고려될 수 있다.

(3) 무정부 상황

북한이 무정부 상황으로 진행되는 상황은 일반적으로 세 가지 차원으로 나누어 상정해볼 수 있다. 첫째는 정권 붕괴, 둘째는 사회주의체제 붕괴, 셋째는 북한의 국가 붕괴이다. 정권 붕괴는 김정일 정권이 쿠데타나 민중 봉기에 의해 무너지는 경우이다. 정권 붕괴, 체제 붕괴, 국가 붕괴가 짧은 시간 내에 동시에 진행될 수도 있고, 정권 붕괴 후 체제 전환을 거쳐 국가는 존속하는 경우, 이 둘로 나눌 수 있다. 둘째는 체제 붕괴는 사회주의체제의 붕괴를 말한다. 노동당이 권력을 독점하는 정치체제가

---

[19] 김구섭·고성윤·성채기·서주석·백승주·김창수, 같은 책, 34~35쪽.
성채기는 1997년 6월 25일 SAPIO 자료를 활용하여 1990년 이후 발생한 23건의 반체제사건을 적시하고 있다.

와해되고, 사회주의 계획경제체제가 완전히 붕괴되는 상황을 말한다. 셋째는 국가 붕괴는 정권 붕괴와 사회주의체제 붕괴 다음으로 발생하는 것으로 조선민주주의 인민공화국 자체가 붕괴해 버리는 것이다.

주변국이 개입을 고려할 수 있는 무정부 상황은 다음 몇 가지 상황으로 대별할 수 있다.

첫째는 국가의 공급 기능이 마비되고 내부 질서가 와해되는 상황이다. 이러한 상황에서 주변국은 북한에 대한 인도주의적 차원의 구호품 지원을 우선적으로 고려할 수 있으며, 구호품 공급의 안정성을 확보하기 위한 목적으로 군의 파견을 고려할 수 있을 것이다.

둘째는 무정부 상황이 내전 상황으로 발전하고 그런 상황이 북한은 물론 한반도 전체의 불안정, 동북아 질서의 불안 상황으로 진행된다면 주변국은 군사개입을 고려할 수 있을 것이다.

셋째는 하층부의 폭동이 발생할 경우이다. 이 폭동을 중앙정부가 효과적으로 대처하지 못한 가운데 무정부 상황, 무법 상황이 장기간 진행된다면 주변국은 군대 파견을 검토하게 될 것이다.

2) 대북 군사개입의 유형

(1) 국군의 단독 군사개입

한국이 북한에 단독으로 개입하는 것을 상정하는 것은 사실상 극히 제한적일 것이다. 북한의 급변사태 시 한국 정부에 개입을 요청할 가능성은 극히 적을 것이다. 북한의 대남 공격이 임박한 상황에서 한국군 단독으로 예방적 자위권을 행사하는 것도 상상하기 어렵다. 또 인도적 개입과 관련해서는 더더욱 국제적인 문제이므로 이를 이유로 한국 독자적으로 개입하는 것을 국제사회가 허용할 가능성도 매우 낮고, 바람직하지도 않다고 생각된다.

이런 점으로 보아 한국 단독으로 북한에 군사개입을 할 상황은 거의 발생하지 않을 것으로 생각된다. 다만 급변사태 진행 과정에서 북한의 일부 세력이 의도적·비의도적 이유에서 한국에 대해 무력공격을 감행한다면 이 경우에는 좀 더 적극적으로 대북 군사개입을 고려할 수 있을 것이다. 북한의 공격에 따른 한국의 자위권 행사와 관련해서는 주변국의 반대 명분이 약하므로 단독 개입을 고려할 수 있을 것이다.

한편 북한에서 대량난민이 군사분계선을 통해 유입되고 북한군이 이를 통제할 힘을 상실할 경우에는 한국의 개입이 어느 정도 불가피할 것이다. 이 경우 한국은 주변국이나 유엔에 협력을 구할 수 있을 것이나, 그 이전에 문제 해결의 주도권 장악 차원에서 적극적인 대응을 고려할 수 있을 것이다.

(2) 한·미연합에 의한 군사개입

한·미연합을 통한 군사개입의 폭은 한국군 단독 개입 가능성보다는 높다고 볼 수 있다. 앞서 상정한 상황 중에서 예방적 자위권 행사와 관련하여 그 가능성을 좀 더 높게 평가할 수 있기 때문이다.

북한의 급변사태 시 일부에 의해 대량살상무기가 사용될 가능성이 엿보이거나 사용 위협이 가해질 경우, 미국은 좀 더 적극적으로 이를 억제하려 들 것이다. 이라크에서와 같이 미국은 일차적으로 유엔을 통한 해결을 모색할 것으로 보이지만 상황이 급박히 돌아가거나 유엔에서 중국, 러시아의 반대가 가시화될 경우, 한·미연합에 의한 예방적 자위권 행사를 가정할 수 있다. 한편 북한의 선제공격에 의한 자위권 행사와 관련해서도 한국군 단독 대응보다는 한·미연합 차원의 개입 가능성이 더 높다고 볼 수 있다.

(3) 국제사회의 공동 개입

북한 급변사태 시 국제사회가 공동 개입할 가능성은 매우 높다. 비록 모든 국가가 군사적 개입을 하지는 않더라도 북한 재건을 위해 다양한 협력이 이루어질 것은 쉽게 전망할 수 있다. 그 유형은 한반도 주변 국가의 개입과 유엔 평화유지활동을 통한 개입 등을 고려할 수 있다.

북한은 급변사태 이전에 중국이나 러시아에 체제안정을 위한 각종 지원을 요청할 것이며, 심각한 경제난이 재발할 경우에는 국제사회에 지원을 요청할 것이다. 그 과정에서 주변국의 대북 개입은 어느 정도 예상된다. 다만 북한이 이러한 지원을 통제할 능력까지 상실하게 되면, 북한의 질서 회복과 안정을 위해 주변국을 중심으로 한 국제사회가 적극적으로 개입하게 될 것이다.

앞서 한국의 단독 개입이나 한·미연합을 통한 개입이 북한으로부터의 공격 상황이나 공격이 임박한 상황을 가정한 것이라면, 국제사회의 개입은 난민 발생이나 북한에 대규모 인권 문제 발생에 더욱 중점을 둘 것이다.

5. 군사 차원의 대비 방향

북한 급변사태 시 가장 큰 영향을 미칠 수 있는 외부세력은 미국과 중국이다. 미국은 그 자신이 차지하고 있는 국제적 위상이 있을 뿐만 아니라 동맹관계라는 특별한 관계를 맺고 있다. 아울러 북한이 직면할 경제적 어려움을 해소할 수 있는 힘이 있다. 또 미국은 북한의 대량살상무기에 대한 우려를 해소하고자 하는 측면에서 적극적으로 개입하려는 의사까지도 가지고 있다는 점에서 문제 해결의 주도권을 장악할 것이다. 중국은 국제적 위상이나 경제력 차원에서 미국에 뒤쳐지지만, 북한과 지리적으로 인접하고 있고 동맹관계를 유지하고 있다.

그러나 미국과 중국이 구상하는 장기적 대북정책은 본질적인 차이가 있다. 미국의 대북정책 목표는 일차적으로 비핵화이고, 미국식 민주주의와 시장경제를 보장하는 체제의 수립에 있다. 2004년 10월 18일에 서명, 발효된 「북한인권법」이 이러한 정책 방향을 잘 보여주고 있다. 반면에 중국은 비핵화 상태로 안정성을 유지하기를 바라며, 중국과 같은 정치체제를 유지하기를 바란다. 한반도 전체가 미국과 군사전략적 협력 관계를 갖는 상태로 발전되는 것을 원치 않는다.

북한에 급변사태가 발생하면 북한의 대량살상무기 통제 확보, 비핵화, 조기 안정화에 중국과 미국이 합의할 수도 있다. 그러나 새롭게 수립될 북한정권의 성격에 대해서는 다른 입장을 가질 가능성이 많다.

급변사태가 발생한 상황에서 한·미 동맹관계는 평시 한·미 동맹관계보다 더욱 중요하다. 오히려 평시 한·미 동맹관계는 급변사태 시, 한반도 유고 시 공조를 위해 존재한다는 인식을 더욱 확실하게 가져야 한다. 긴밀한 한·미공조를 유지한 가운데 우리 군은 북한에 급변사태가 발생·진행될 경우, 다음 몇 가지 원칙으로 대응할 필요가 있다.

첫째는 북한의 급변사태가 우리의 안전을 위협하는 상황으로 진행될 경우에 대비해야 한다.

둘째는 미국과 신속한 정보 공유를 통해 급변사태의 원인과 진행

방향에 대해 정확하게 파악해야 한다. 북한의 급변사태가 어떠한 경로를 거쳐 우리 사회에 비상사태를 유발할 것인가에 대한 분석과 연구가 마련되어야 한다.

셋째는 급변사태에 대한 국제사회의 태도가 우리 정부의 정책에 우호적인 분위기가 되도록 바꿔나가야 한다. 우리 정부와 협의 없이 특정 국가나 국제기구가 개입하는 것에 반대한다는 원칙을 밝히고, 협조를 유도해야 한다.

넷째는 북한의 급변사태가 비상사태를 유발할 경우, 현재의 비상사태 관련법으로 조치가 가능한지를 검토해 두어야 한다.

6. 맺음말

1990년대 중반에 많은 전문가들이 북한의 붕괴 가능성을 중심으로 한 급변사태 진행 가능성을 예상했다. 그러나 북한에 대한 대부분의 전망과 예측은 빗나갔다. 2002년 10월 이후 2차 북핵위기 해결과 관련하여 북한의 급변사태 가능성이 거론되고 있다. 10여 년 전의 예측과 실제 상황의 차이가 말해주듯 북한에 실제로 급변사태가 발생할 가능성은 그리 높지 않다. 김정일의 권력 장악 정도, 북한과 중국의 동맹관계, 한국의 대북정책을 종합적으로 고려할 때 북한 급변사태는 바람직하지도 않고, 관련국들이 추구하는 상황도 아니다.

북한에 급변사태가 발생하더라도 외부의 군사적 개입이 자동적으로 검토될 상황은 아니다. 군사개입이 검토되려면 국제법적 정합성뿐만 아니라 관련국들의 입장 조율이 필요하기 때문이다. 북한이 다른 나라를

침략하거나 교전할 경우 또는 심각한 내전 상황, 집단학살 등이 있을 때 외국군의 개입이 검토될 수 있다. 외국의 군사개입이 불가피한 상황이라도 우리 정부가 우리 헌법을 기초로 배타적·우월적 지위를 가지고 개입할 수는 없다. 현실적으로 미국, 중국을 중심으로 한 관련국과 국제연합 등 국제기구의 지지를 받아야 가능하다. 개입하더라도 단독 개입보다는 관련국과 공동으로 개입할 가능성이 많다.

북한의 급변사태 유형 중에서 비무장지대와 해상을 경로로 한 대규모 탈북이 진행되어 한반도 전체의 안정성을 잃거나 북한 당국이 대량살상무기의 통제력을 상실할 정도로 내전이 진행될 경우에 대비한, 안보적 차원의 군사적 대응이 준비되어야 할 것이다.

급변사태가 발생한다면 우리 정부는 초기 단계에서 안정을 회복할 때까지 미국과 긴밀한 공조를 유지해야 한다. 북한의 급변사태가 한반도 전체의 불안정으로 파급되지 않도록 우선적으로 조치를 취한 뒤 북한 지역에 안정을 회복하고, 이를 통일의 기회로 활용하는 냉정한 단계적 대책이 강구되어야 한다.

바람직하든 그렇지 않든 북한에 급변사태가 발생하더라도 우리 정부가 독자적으로 군사적 개입을 주도할 수는 없을 것으로 보인다. 북한이 남침을 감행하여 자위권을 행사하는 상황을 제외하고, 북한이 내부적 요인에 의해 붕괴로 진행된다면 우리는 우리 헌법이나 민사작전 계획보다는 국제법을 토대로 한 국제사회의 결정을 존중하지 않을 수 없을 것이다.

질의응답

Q

정영태
통일연구원 연구위원

안녕하십니까? 통일연구원의 정영태입니다. 사실 앞서 다른 분이 얘기했습니다만 1990년대 초에 북한 급변사태에 대한 대비 필요성이 강조된 적이 한 번 있었습니다. 그리고 최근에 들어서 북한 급변사태에 대한 관심이 높아지고 있습니다. 1994년 초반에 논의된 대비책과 지금 우리가 논의하는 급변사태 대비책이 물론 중첩되고 동일한 측면은 있을 것입니다. 그러나 상당히 변화된 상황을 반영하지 않으면 북한 급변사태에 대한 대응 방안은 결국 교과서적인 얘기가 될 수밖에 없습니다.

백승주 박사님께서 짧고 명료하게 발표를 해주셨지만 군사개입의 유형이나 형태라든지 자세한 내용은 글에 더 상세히 나와 있습니다. 사실 글을 살펴보면 그에 대해 비판을 한다든가 새로운 내용을 제시할 만한 군더더기가 없을 정도로 거의 완벽합니다. 오히려 제가 글을 읽으면서 많이 배웠습니다.

다만 한 가지 아쉬운 점이 있다면 새로운 환경 변화에 따른 대비책이 제시되었으면 좋겠다는 생각을 했습니다. 1994년 당시에도 북한 핵 문제가 있었습니다마는 지금과 같이 북한이 핵을 보유했다고 스스로 자인할 정도로 심각하지 않았기 때문입니다. 지금은 국제적으로도 북한이 핵을 보유하고 있다는 것이 거의 기정사실화됐습니다. 따라서 군사안보적 차원에서 한반도 상황은 그야말로 180도 달라졌습니다. 그렇기 때문에 이러한 상황을 집중적으로 고려하여 발생 가능한 북한의 급변사태 양상과 그와 관련된 군사안보적 상황을 제시하고 그 후에 '우리가 어떻게 군사적으로 대비를 하고 조치를 취해야 되느냐' 하는 좀 더 생생한 내용이 있었으면 좋겠다는 욕심을 부려봤습니다. 물론 이러한 내용은 글의 방향이나 필자의 의도에 달려 있기 때문에 구태여 이것을 '잘했다', '잘못했다' 하는 의미가 아니라 앞으로 우리가 북한의 급변사태에 대한 연구를 계속한다면 제가 방금 지적한 그런 특수한 상황을 얘기해줬으면 좋겠다고 생각합니다.

그리고 하나 더 첨언하고 싶은 것은 북한의 급변사태가 발생했을 때 우리가 단독으로 개입하는 경우를 생각할 수 있고, 한·미연합 차원에서 개입하는 경우, 국제연합 차원에서 개입하는 경우를 생각할 수 있습니다. 물론 '우리가 단독으로 개입하는 것은 거의 어려울 것이다'라는 의견에 저도 동의를 합니다. 북한에 급변사태가 발생해 우리에게 유해한 군사안보적인 상황이 생겼다고 하더라도 우리가 직접 군사적으로 개입하는 것은 어렵습니다. 지금 작전통제권 문제가 불거지고 있는데 작전통제권이 환수되더라도 우리가 단독으로 북한 급변사태에 개입하는 것은 어렵습니다.

실제 우리는 정전협정체제하에 있습니다. 정전협정체제하에 있기 때문에 북한에 어떤 위험한 상황이 발생하더라도 우리가 단독 개입을 추진하게 되면 그것은 바로 전쟁이 됩니다. 바로 정전협정체제가 깨지는 것이죠. 중국과 미국은 한반도 평화를 둘러싼 첨예한 이해관계를 가지고 있습니다. 따라서 그들도 한반도 정전협정이 깨지는 것을 바라지 않습니다. 그렇기 때문에 이러한 상황을 무시하고 북한 급변사태에 단독으로 개입하는 것은 어려우며 한·미연합 차원에서 개입하는 경우도 마찬가지입니다. 정전협정체제가 평화협정체제로 넘어가지 않는 한 우리가 미국과 함께 군사적 행동을 개시한다면 중국은 이것을 전쟁으로 여길 것입니다. 그러면 한·미연합 차원에서 개입하는 것도 어떤 의미에서 새로운 전쟁 발발을 의미하기 때문에 이것 역시 상당히 어렵다고 봅니다. 단, 정전협정체제가 평화협정체제로 넘어가 정전위를 구성하는 조직이 해체되고, 그에 따른 유엔사도 해체된 경우이라면 이야기는 다라질 수 있습니다. 전쟁이 공식적으로 종결된 남북 간의 직접적인 관계를 전제로, 북한에 급변사태가 발생했을 때에만 미국하고 동맹 차원에서 들어갈 수 있는 가능성이 있지 않을까 하는 생각입니다.

마지막으로 질문 겸 코멘트를 하고 싶은 것은 만약 북한에 군사적 충돌이 발발, 예를 들어 보수파 쿠데타가 일어났을 경우에 이 쿠데타를 정당화시키기 위해서 남측에 대한 군사적 공격을 계획하고 있거나 실제로 감행할 가능성이 있습니다. 그런 경우, 우리가 자위권 차원에서 한·미가 연합하여 대응을 해야 하는 건 당연한 사실입니다. 이때 우리가 단독으로 작전통제권을 행사할 때 효율적으로 개입하거나 억제할 수 있는지 아니면 지금과 같이 한·미연합 작전통제권을 행사할 때 효율적으로 개입하거나 억제할 수 있는지, 사실 이게 의문입니다. 제가 어느 글을 보니까 작전통제권을 연합으로 갖고 있을 때 우리가 개입할 수 있는 여지가 작아진다고 합니다. 연합사 사령관으로서 미국의 지휘를 받아야 하면 결국 우리의 통일이 늦어지는 결과가 되므로 통일을 염두에 두었을 때, 작전통제권을 빨리 환수하는 것이 좋다는 주장입니다. 이런 의미에서 우리가 작전통제권을 단독으로 행사할 경우와 한·미연합 작전통제권을 행사할 경우 등 여러 가지 상황에 어떤 의견을 가지고 계신지 얘기해주시기 바랍니다.

A

백승주
국방연구원 북한연구실장

정영태 박사님, 질문 감사합니다. 제가 미흡했던 부분에 대한 아쉬움을 잘 지적해주셨습니다. 사실 글을 보면 안전예방적 차원에서 대량살상무기 사용이 임박했을 때, 급변사태가 일어날 수 있다고 설명했습니다. 2002년 이후 지금 이 순간까지 우리 국민들이 생각하는 가장 큰 급변사태 유형은 북한이 핵 문제와 관련해서 상황을 계속 악화시키고 여기에 미국이 물리적으로 대응할 때 생기는 급변사태입니다. 그런데 미국에 대한 설명이 빠지니까 허전하다고 말씀해주셨습니다. 그럼 미국의 물리적 제재 가능성에 대한 제 견해를 말씀드리겠습니다.

저는 북한 핵 문제에 대한 미국의 물리적 제재 가능성이 높아졌다고 생각합니다. 2006년 6월 21일 애슈턴 카터(Ashton Carter) 차관보와 윌리엄 페리(William Perry) 미 전 국방부 장관이 대북 선제공격을 주장하는 칼럼을 썼습니다. "미국은 북한의 장거리미사일 발사 기지를 공격하라. 탄도 미사일이나 검증 안 된 미사일방어체제로 공격하지 말고 잠수함을 이용해 가까이 접근한 다음, 공격 시 1미터 오차범위로 정확하게 타격할 수 있는 정밀한 유도무기로 폭격하라"는 내용입니다. 그 칼럼에서는 잠수함으로 접근해서 순항미사일로 폭격하는 과정의 방법까지 제시합니다. "주일미군이나 주한미군의 시설도 이용하지 말고, 미군이 본토에서 직접 와서 공격함으로써 북한이 다시 보복할 구실도 주지 마라"는 내용도 있습니다. 이 기고를 통해 북한의 보복 능력 평가에 대한 미국의 입장이 달라지고 있으며 필요하다면 미국이 일방적 공격을 해야 된다는 주장이 제기되고 있음을 알 수 있습니다.

우리 국가를 이끌어가는 분들 중에 전직 장관님도 많이 계십니다. 그러나 제일 아쉬운 부분은 일선에서 물러난 전직 장관님들이 현직 장관님들을 만나서 의논하는 모습을 볼 수 없다는 사실입니다. 페리 전 국방부 장관의 홈페이지에 가서 뒤져보면 그 기고문을 쓰기 전, 2006년 1월 5일에 미국 전직 국방부 장관들하고 국무부 장관들이 만나 회의를 하는 모습이 나옵니다. 즉 미국은 여러 가지 의지나 분위기가 물리적인 해결 가능성을 열어놓고 북한을 다루고 있다고 할 수 있을 만큼 미국에 의한 북한 급변사태 발생 가능성은 열려 있습니다. 여기에 '우리가 군사적으로 어떻게 대응할 것인가' 하는 선택의 문제가 달려 있습니다. 만약 미국이 대북 선제공격을 할 때, 그것을 말릴 것인가 아니면 적극 협조할 것인가에 대해서는 분명한 선택의 방향이 준비되어야 합니다. 미국의 정책을 일방적으로 지지한다는 차원보다 미국의 입장과 태도가 대북 협상을 이끌어내는 데 유용하다는 인식이 필요하다고 생각합니다. 첫째 질문에 대한 답변은 이 정도로 하겠습니다.

둘째로 한·미가 연합작전을 할 때 제기되는 정전협정 준수 문제를 질문하셨습니다. 당연히 한·미 양국이 급변사태에 개입하는 상황을 일단 정전협정은 준수하지 않는다는 전제에서 가능합니다. 현재 정전협정하에서 한·미연합군이 북한 사태에 개입하게 되면 정전협정을 위반하는 것입니다. 정전협정을 무시하지 않고는 한·미 양국 군대가 북한 영토로 들어가서 급변사태에 개입하는 것은 불가능합니다.

셋째는 전시작전통제권 문제입니다. 여러 가지 상황 중에서 가장 심각한 상황은 북한의 군부가 분열해서 내전을 벌이는 경우입니다. 어느 쪽이 내전을 주도하고 장악할지 모르는 상황에서 어떻게 할 것인가? 작전통제권을 단독으로 갖고 개입하는 것이 유리한가, 한·미 공동으로 행사하는 것이 유리한가? 이 부분에 대해서 세간에서는 한창 논쟁 중입니다. 그 와중에 우리 정부의 입장이라고 이해하기에는 한계가 있습니다만 2006년 8월 23일에 김성곤 국방위원장이 아주 주목할 만한 발언을 했습니다. 그 내용은 "북한에 급변사태가 일어나서 북한 지역에 대한 수복작전을 펼칠 때 국군이 주체가 되는 것이 유리하기 때문에 전시작전통제권을 환수하는 것이 필요하다"는 논리였습니다. 저는 깜짝 놀랐습니다. 어떻게 그런 말씀을 하실 수 있을까 생각했습니다. 헌데 그것을 유추해보면 우리 정부는 전시작전통제권을 환수하는 것이 급변사태 발생 시 우리가 주도적으로 북한 사태를 안정시키는 데 유리하다고 판단한 것 같습니다.

저는 그와 다른 견해를 가지고 있습니다. 현실적으로 북한 지역에서 국군이 개입해 활동한다면 중국 군부의 견제가 있을 수 있습니다. 우리는 중국의 견제와 요구를 심각하게 고민해야 됩니다. 그런데 만약 미국의 주도로 한·미연합군이 북한 지역에서 군사작전을 수행한다면, 중국은 강압적인 고자세로 나오지 못할 것입니다. 미국에 맞서긴 굉장히 힘들죠. 세르비아 사태 때 중국 대사관이 오폭을 당했습니다. 그 이후 동부 유럽에 대한 중국과 소련의 영향력이 커졌지만 미국에 맞서기 힘든 군사력의 격차 때문에 개입하지 못한 선례가 있었습니다. 북한 지역에 급변사태가 발생하는 경우에 우리가 단독으로 주도하는 것보다는 미국과 한국이 공동으로, 그중에서도 미국이 중심적인 역할을 한다면 오히려 외세의 개입을 막으면서 급변사태를 안정시킬 수 있는 환경이 만들어진다는 것이 제 생각입니다.

미국과 중국이 전략적으로 상충하는 이익관계를 서로 윈윈(Win-Win) 하면서 북한을 마음대로 처분할 수 있는 우려스러운 상황이 올 가능성도 있습니다. 후진타오(胡錦濤)는 한국전쟁에 참전하지 않은 중국의 첫 지도자입니다. 북한과 중국 간의 유대관계에서 자유로운 사람이기 때문에 북한을 거칠게 다룰 가능성이 있습니다. 특히 후진타오는 소수민족, 즉 티베트 문제를 잘 해결해서 중국 최고 지도자 자리에 오른 경력을 가지고 있습니다. 북한을 지금까지의 북·중 유대관계 틀에서 다루는 것이 아니라 자유로운 입장에서 거칠게 다룰 가능성이 있습니다. 미국 역시 한반도를 다루는데 투 코리아 정책(Two Korea Policy)을 추구하고 있지요. 한반도에 두 개의 나라가 있다고 인식하고 있습니다. 미국과 중국이 양국의 전략적 이익에 따라 북한 지역에 대한 관리, 영향력 변화를 거래할 수 있는 가능성이 이전보다는 높아졌다고 볼 수 있습니다.

NDI 평가

　「북한 급변사태 시 군사 차원 대비 방향」은 국제법적 측면에서 북한 급변사태를 다루고 있다. 이 글에서는 급변사태에 대한 기존의 연구를 일목요연하게 정리하여 급변사태 개념을 도출해낸 다음 국제법적 차원에서 국제사회가 북한 급변사태에 개입할 수 있는 근거를 고찰하고 이에 따른 우리 국군의 대응을 모색했다.
　필자는 국제법적 고찰의 필요성을 강조했다. 물론 국제법이 현실적으로 구속력이 약하고 그 해석이 자의적이라는 한계도 지적한다. 하지만 북한 문제의 특성상 한반도를 둘러싼 강대국의 팽팽한 이해관계나 복잡한 법률관계로 인해 국제법의 역할이 오히려 중요시된다는 주장이다. 국제법상 군사개입이 가능한 상황과 그 유형을 살펴보고, 결국 긴밀한 한·미공조와 우호적인 국제사회의 태도가 가장 중요하다고 결론을 내린다. 국제법적 차원에서 북한 급변사태 발생 시 우리 국군의 대처를 모색해보려는 시도는 상당히 객관적이며 북한 급변사태 연구에 고무적인 논의라고 생각된다.
　그리고 대북 군사개입 유형에서 국군의 단독 군사개입과 한·미연합에 의한 군사개입, 국제사회의 공동 개입을 각각 살펴보았다. 최근 전시작전통제권 환수를 둘러싼 논쟁과 밀접하게 관련된 부분으로 많은 이들이 가장 관심을 두고 궁금해 하는 점이라 할 수 있다. 그런데 이 글에서는 이 세 가지 대북 군사개입 유형의 발생 상황과 가능성만을 서술하고 있다. 물론 필자는 긴밀한 한·미공조가 중요하다는 주장을 결론에서 밝히고 이어지는 토론에서도 비슷한 논지의 주장을 했다. 하지만 여러 가지 측면에서 각각 군사개입 유형의 득실을 꼼꼼하게 따져보아야 한다.
　앞으로, 북한 급변사태 발생 시 군사개입 유형과 전시작전통제권을 관련지어 논의를 더욱 발전시켜나가야 할 것이다.

제 3 장

한반도 급변사태와 우리의 효율적인 대응 방안:
경제 분야를 중심으로

남성욱 | 고려대학교 북한학과 교수

1. 머리말

북한의 미사일 발사를 계기로 북한정권의 불안정성(instability)에 대한 관심이 고조되고 있다. 특히 미사일 발사와 후속 대응조치를 둘러싸고 평양의 권력층에서 상반되고 비합리적인 메시지가 나오는 현상은 과거와는 다른 특징이다. 김정일 국방위원장이 주변 권력층을 장악하지 못했다는 추측과 난국을 돌파하기 위해 핵을 포기하지 않을 것이며,[1] 결국

---

[1] "China Analysts: China is feeling more pressure than the U. S.," *Zaobao Wang*, 6 July 2006(in Chinese). Professor Yan Xuetong of Qinghua University said that while the test was a failure, it was ultimately meant to put pressure on the U. S. and China.

15만 6,000명의 중국인이 참여한 인터넷 조사에서 83퍼센트가 북한이 핵개발 프로그램을 포기하지 않을 것이라고 대답했다. "Do you think North Korea will abandon its nuclear program?(poll)," Zaobao Wang, at http://polls. zaobao.com/

핵실험도 감행할 것이라는 전망[2] 등 다양한 시나리오가 언급되고 있다.[3] 북한정권의 불안정성은 한반도에 급변사태[4]를 야기할 수 있다. 급변사태가 점진적인 변화를 의미하지 않는 것은 분명하지만 변화의 범주와 내용을 설명할 경우에는 해석이 다양하다. 급변사태를 가정하는 시나리오에 따른 북한의 정치·사회적 변화는 정권(regime), 체제(organization), 총체적 국가체계(total establishment)의 세 가지 차원에서 발생할 수 있다. 정권, 체제와 총체적 국가 체계의 변화를 구체적으로 설명하면 다음과 같다. 정권 교체는 지도자의 실각 등에 의해 가장 빈번히 발생하는 변화로서 대체로 체제의 속성에 변화를 유발하지는 않는다.

체제의 변화는 권력 당국자의 교체보다는 포괄적인 것으로서 구성원

---

cgi-bin/poll/zaobao/zaobaopoll.pl.(In Chinese). "After North's Missile Launch: Are the Nuclear Talks Dead?," *International Crisis Group, Policy Briefing, Asia Briefing* No. 52, Seoul/Brussels, 9 August 2006, p. 5에서 재인용.

2) "핵실험을 성공해야 핵무기 제조 능력이 증명되는 것인데 성공하면 핵보유국으로 분류되어 국제사회의 다양한 제재가 계속될 가능성이 있고, 만약 실패하면 북한 핵무기의 위험 정도가 떨어져서 더 이상 외교 카드로 활용되기 어렵기 때문에 핵실험 가능성 여부는 불투명하다." 김경민, 북핵 관련 긴급 토론회 '북한은 과연 핵실험을 강행할 것인가?' 정형근 의원 정책토론회, 2006년 9월 11일.

3) 김정안, "스칼라피노 교수, 北 정책조율 안된 채 미사일 발사한 듯", ≪동아일보≫, 2006년 7월 15일.

4) 북한에 정권이나 체제의 붕괴를 초래하는 극도의 혼란사태가 발생하여 우리 정부가 비상조치를 강구해야 할 상황이다. 정권이나 체제 붕괴의 개념은 김정일 북한 국방위원장의 권력 행사가 실효적으로 이루어지지 못하고 무력화됨에 따라 통치 시스템이 붕괴된 상태를 이른다. 김정일 정부를 구성하고 북한의 정치를 담당하고 권력을 행사하는 주체가 부재하여 북한 전역의 질서가 유명무실화한 상태를 이른다. 기존의 김정일 정권을 대신할 새로운 권력 주체가 현실적으로 부각되지 못해 국가를 통수하고 사회질서를 유지할 실체가 부재한 상태이다.

사이의 행동양식에 상당한 수정을 수반한다. 총체적 국가 체계의 변화는 국가의 해체 또는 유사한 속성을 지닌 인접 국가의 통합(integration)을 통해서 나타난다.

이와 같은 급변사태를 범주화(categorize)하면 북한의 급변사태는 첫째는 정권 교체 차원인 김정일 위원장의 실각과 위기관리 정권의 등장, 둘째는 체제 차원의 급변사태인 권위주의적 개발 체제의 형성, 셋째는 국가 체계의 해체 단계인 무정부 상태나 내전 상태로 발전하는 경우로 구분할 수 있다. 이러한 유형의 변화는 독립적으로 발생할 수도 있고 압축된 형태로 연속적으로 진행될 수도 있다.[5]

요약하면 급변사태란 최고권력자의 유고, 쿠데타, 권력 투쟁이나 주민 봉기 등 전쟁을 제외한 북한 내 돌발 상황과 관련된 일련의 과정으로서 정권과 체제가 붕괴되는 극단적 상황[6]까지를 포괄한다.

---

[5] 가상적인 상황을 구체적으로 제시하면 다음과 같다. 북한 권력층 내부에 궁정 쿠데타 등 돌발적인 사태가 발생하여 김정일 국방위원장이 축출되는 경우가 발생할 수 있다. 새로 등장한 정권은 권력 기반을 다지기 위해 김일성·김정일 격하 운동과 대대적인 숙청을 벌이는 한편으로 중국식으로 개혁·개방을 추진한다. 이 과정에서 경제난과 정치적 혼란으로 사회통제 기능을 상실하고, 북한 주민의 탈북 러시가 심화될 수 있다.

[6] 극도의 혼란 상태 개념은 다음과 같다. 우선 개인의 불법행위를 규제할 공적인 기구나 세력이 부재하여 북한의 헌법과 형법 등 각종 법체계에 규정된 사회질서가 유지되지 못한다. 특히 구정권의 핵심 권력장치를 형성한 군부와 노동당 등 권력기관을 통합적으로 통수할 세력이 사라짐에 따라 기관 간 이해 조정이나 의사 교환이 제도와 법에 의해 이루어지기보다는 물리적인 수단에 의해 강제적으로 수행되는 상황이다.

정상적인 경제·사회 활동은 물론이고 치안 부재로 개인의 신변이나 안전이 공적인 기구에 의해 담보되지 못함에 따라 사회 일탈행위가 빈번한 상태다. 평양과 지방 간에 인적·물적 이동이 통제되어 전국적으로 군부에 의해 권력이 분할됨에 따라 식량배급체계의 와해는 물론 공적인 계획경제체계가 붕괴되어 북한의 급변사태는 남북한 경제에 심각한 영향을 미칠 것이 분명하다. 북한 통치체제의 와해로 계획경제가 정상적으로 작동되지 않기 때문에 공공배급제(public distribution system)에 의존하는 인민들의 삶이 위태로워질 것이다. 이에 따라 기근 탈출을 위해 식량을 외부에서 구하려는 난민이 상당수 발생할 것이다. 식량배급체계가 마비되고 암시장이 확산됨으로써 계획경제의 부분적 와해에 따른 생필품과 전력 부족 등 경제난이 지속될 것이다. 무엇보다 2,300만 명의 북한 주민들에게 안정적으로 식량을 공급하는 문제는 가장 시급한 과제다.

한편 북한의 급변사태는 한국 경제에도 큰 충격(shock)을 줄 것이다. 이미 자본시장 개방으로 국제 경제에 완전히 노출된 한국 경제는 외국 투기자본의 급작스러운 이탈로 증권시장 등 금융과 실물경제에 큰 타격을 입을 것이다. 물론 효율적인 대책 수립으로 급변사태를 안전하게 관리할 수만 있다면 오히려 위험 요인이 제거되면서 코리아 디스카운트(Korea discount)를 축소할 수도 있을 것이다. 따라서 북한의 급변사태는 한국 경제에 위기와 기회를 동시에 제공할 것이다. 따라서 급변사태에 대비한 사전 대책을 철저히 수립하고 추진하는 것은 매우 중요한 국가적 과제다.

인민들이 자신들의 생존을 자구하는 상황을 지칭한다.

2. 급변사태 발생과 남북의 경제적 혼란: 위기인가 기회인가?

1) 북한의 경제적 혼란: 끝은 어디인가?

(1) 식량과 생필품의 부족에 따른 초인플레이션 만연

급변사태가 발생한다면 국가배급체제가 정상적으로 가동되지 않음에 따라 일반 주민들이 식량을 적기에 조달받기 어렵다. 새로 권력을 장악한 정권은 군부를 통제하기 위해 군량미 확보에 주력할 것이고 이에 따라 민간으로 충분한 식량이 공급되기는 어려울 것이다. 암시장에서 식량 1kg의 가격은 천정부지로 상승하여 돈을 준다 해도 식량 조달이 용이하지 않을 것이다. 의류, 종이, 비누, 연료 등 각종 생필품의 공급이 중단되면서 인플레이션이 확산될 것이다.

북한 화폐는 주민들 사이에서 더 이상 통화로 인정되지 않는다. 주민들은 북한 화폐를 포기하고 달러를 확보하는 데 주력하여 1달러당 1,000원 선인 교환비율이 1달러당 1만 원 선까지 상승할 것이다. 물가가 수백 퍼센트까지 상승하는 초인플레이션(hyper-inflation)이 만연되면서 계획경제체제는 붕괴되고 암시장을 중심으로 지하경제가 그나마 주민들의 물자조달 창구가 될 것이다. 일부 권력층의 물자 독점으로 빈부 격차가 확대되고, 일부는 국가 물자가 부정과 부패를 통해서 암시장으로 흘러나올 것이다. 식량과 생필품을 구하지 못한 절대 빈곤계층은 각종 범죄에 개입하게 될 것이다.

평양 외곽 지역의 식량 부족에 시달리는 일부 주민들은 국가의 양곡창고와 공공 상점을 습격하여 식량과 생필품을 탈취하는 사태도 빈번해질 것이다. 이 과정에서 군인과 사회안전원들이 주민들에게 발포하여 사상자가 발생하고 민심은 극도로 흉흉해질 것이다. 이에 따라 군부가 내부 치안을 유지하는 데 동원될 것이며 계엄령 수준으로 인민들을 철저히 통제할 것이다. 발전소, 탄광 등 사회간접자본(Social Overhead Capital; SOC) 역시 석탄과 중유 공급이 부진함에 따라 정상적인 가동이 중지될 것이다. 전력 부족으로 공장과 공공시설 등이 부분적으로만 작동됨에 따라 조업중단 사태가 빈번해질 것이다. 열차운행 횟수가 축소됨에 따라 지역 간 물자 이동이 줄어들 것이다. 또 각종 원자재 이동이 감소함에 따라 물자 생산 역시 축소될 수밖에 없다. 공장에 출근해도 일거리가 없는 근로자들은 권력을 장악한 신군부층이 주도하는 정치행사에 계속 동원될 수밖에 없다. 급여를 받지 못하는 실업자가 급증하면서 소비재 조달이 어려워져서 생산 축소→실업자 발생→소비 감소 등의 악순환이 만연할 것이다.

2) 국내 경제의 혼란: 시장 충격, 어떻게 대처할 것인가?

급변사태로 인해 북한 못지않게 남한 역시 심각한 경제 불안정에 직면할 가능성이 높다. 남북한이 휴전선을 맞대고 공존하는 상황에 북한 변수로 인해 한국 경제가 저평가되는 현실은 북한의 급변사태가 한국 경제에 충격적인 변수가 될 수밖에 없다는 것을 시사한다.[7] 개방경제체제

---

[7] 외국인 투자자들은 한국 증시가 여전히 선진국 영역에 포함되지 못한 채 신흥시장인 이머징 마켓(emerging market)에 남아 있는 이유가 북한 때문이라는 인식을 가지고 있다. 템플턴자산운용(주)의 마크 모비우스 대표는 2006년 9월 5일 이머징 마켓 전망 관련 세미나에서 "한국은 아직 이머징 마켓 영역에 포함되어 있다. 현재 한국의 소득 수준은 높지만 남북이 통일될 경우, 낮아질 평균 소득과 경제 수준 등을 감안하면 아직 이머징 마켓을 벗어날 수준은 아니다"라고 북한변수에 의한 한국 디스카운트를 설명했다.

하에서 국제 경제와 한국 경제는 외환위기, 예금 인출, 외화 불법유출과 인플레이션이 확산될 것이다. 우선 제2의 IMF와 같은 외환위기 발생 가능성이 높아진다. 대(對)한국 투자 리스크가 높아지고 향후 원화의 평가절하가 예상됨에 따라 일시적으로 외국인 투자자들이 자금을 대거 회수할 가능성이 있다. 특히 급변사태 초기에 단기자금(hot money) 유출이 두드러질 것으로 보여 제2의 멕시코 사태를 초래할 가능성도 배제할 수 없다.

금융기관의 부실화와 심각한 인플레이션 등을 우려하는 거액보유 예금주들이 예금을 일거에 인출할 가능성도 높다. 인출된 예금은 달러, 금, 부동산, 기타 현물에 대한 수요로 전환될 것으로 예상된다. 이로 인한 금·부동산 가격의 폭등과 함께 원화의 급속한 평가절하가 우려된다. 그러나 대책이 미흡하여 경제 주체를 안심시키지 못할 경우에는 금융기관의 파산으로 금융대란이 일어난 가능성도 배제할 수 없다. 인출된 예금이 향후 북한 지역에 대한 투자 확대 가능성으로 인해 경기 북부와 강원도 접경 지역 등 부동산 투기 열풍으로 연결될 가능성도 있다.

한편 일부 기업이나 국민들에 의한 외화 불법유출 가능성도 존재하므로 대외 경제활동을 위축시키지 않는 범위 내에서 대책 마련이 필요하다.

"템플턴자산운용, 한국의 선진시장 진입 장벽은 북한", 연합뉴스, 2006년 9월 5일.

John Chambers, an executive of the financial rating firm Standard and Poor's said South Korea faces three problems in improving the assessments of its government debt: too much official intervention in markets, the risk of war with North Korea and the potential costs of the reunification of Korea. He warned that a sudden collapse in North Korea could mean great economic burdens for Seoul, and would pull down its credit rating sharply. *Joong-Ang Daily*, September 7, 2006.

기업은 본사와 지사 간 거래와 국내 본사와 해외 투자기업과의 거래 등 변칙거래 가능성이 높다. 기업자금의 해외유출 가능성도 높다. 기업들은 수출입 가격을 조작하여 해외로 유출할 가능성이 있다. 개인들의 외화 불법유출이 성행하고, 타인 명의의 외화 송금이 증가할 것이다. 남한 역시 북한과 마찬가지로 정도의 차이는 있지만 인플레이션이 발생할 것이다. 일부 기업이나 개인들의 사재기와 매점매석으로 혹은 특정 품목의 대북 지원 등으로, 국내 시장에서 품귀 현상이 발생할 것이다. 주로 식료품, 생활용품, 일부 의약품이 대상 품목이 될 것이다. 이 과정에서 물가인상 심리가 확산될 것이다. 국민들 사이에서는 화폐보다 실물을 보유하려는 경향이 만연할 것이다.

총체적으로 북한의 급변사태는 10년째 국민소득 2만 달러를 돌파하지 못하고 정체 상태인 한국 경제에 심각한 위기와 도약의 기회를 동시에 제공할 것이다. 1차 위기(risk)는 앞에서 언급한 단기적인 경제불안 현상이 확산된 데 따른 부작용이다.[8] 동시에 남한이 북한을 경제적으로 책임지는 사태가 한국 경제의 발목을 잡을 수 있다는 우려가 팽배할 것이다.

이와 관련하여, 통일에 대한 다양한 평가와 방법에 대한 각종 제안이 대두할 것이다. 통일에 대한 각종 논의가 활발해질 것이나, 감성적인

---

[8] 점진적 남북 관계 개선이 가져오는 긍정적 영향보다는 남북 간 무력충돌이 증시에 미치는 부정적 영향이 국가위험도 평가 등 국제적 반응 때문에 강도가 훨씬 크다. 부정적 요인은 다음과 같다. 우선 국가안보상 위험 증가로 외국인 투자자들이 한국투자 비용을 늘이지 못한다. 둘째는 지수 하락으로 안전자산 선호도가 증가하는 상황에서 투자심리 위축을 부채질할 가능성이 크다. 셋째는 월드컵 이후 개선된 국가 이미지 손상 등이 우려되고 있다. 국내 경제에 미치는 영향을 다룬 글은 남성욱, "남북관계 변수가 국내 주가 변동에 미치는 영향과 정책적 함의", ≪동북아경제연구≫ 제16권 제1호(2004), 73~106쪽 참조.

논쟁보다는 경제적 부담에 대한 정확한 계산과 합리적 방법이 모색되어야 한다. 통일의 규범적 당위성을 의심하는 사람은 적지만 통일비용 부담에 대한 거부감은 적지 않다. 2005년 통일연구원이 실시한 통일 문제 여론조사에서 응답자의 과반수가 현재 내고 있는 세금의 5퍼센트 미만을 부담할 수 있다고 답했다. 이는 연간 13만 원 수준이다.[9] 국민들은 서독이 동독 경제를 책임지는 과정에서 15년 이상 디플레이션에 시달린 경험이 한국에서도 되풀이되는 것을 원치 않는다.

북한의 급변사태는 남한 국민에게 조세 부담이 가중되고 경제적 혼란을 야기할 가능성이 있는 반면에, 그동안 국가신인도에 부정적인 영향을 준 북한변수가 해소될 가능성도 있다. 기회(opportunity)는 분단에 따른 코리아 디스카운트(Korea discount)를 상쇄시킬 가능성이 있다는 것이다. 코리아 디스카운트란 한국 경제의 불투명성과 불확실성으로 인해 우리 기업의 가치가 국제시장에서 저평가되는 현상을 가리킨다.[10]

북한의 급변사태가 긍정적으로 관리되어 전쟁 위험이 해소되거나 북핵위기가 사라지면 코리아 디스카운트는 상당히 줄어들고 국가신용

---

[9] 2005년 한 해 동안 정부가 거둬들인 내국세 총액은 127조 4,000억 원에 이른다. 이 돈을 우리나라 인구(4,820만 명)로 나누면 1인당 내국세부담액은 264만 원이다. 현재 내는 세금의 5퍼센트 수준이면 연간 13만 원 수준이다. 최고 연평균 13만여 원까지 부담할 수 있는 국민이 과반수라면 통일비용 부담에 그다지 적극적이라고 하기는 어렵다.

[10] 2004년 겨울 대한상공회의소가 외국계 금융사 펀드 매니저와 애널리스트 30명을 대상으로 실시한 설문조사에 따르면 코리아 디스카운트의 최대 요인은 '북핵 등 국가 리스크'(30.4%)였다. 이들은 국내 증시에 적용되는 코리아 디스카운트의 정도를 평균 30퍼센트로 평가했다. 주가가 이만큼 낮게 형성되어 있다는 것이다. 이필재·공병호 외, 『What's Wrong Korea?: 대한민국 10가지 화두 그 현장과 대안』(중앙일보 시사미디어, 2006), 175~176쪽.

도는 높아질 수 있을 것이다. 그에 따라 국내 기업과 은행이 해외에서 돈을 빌릴 때 적용되는 가산금리도 하락할 것이다. 또한 한국에 대한 장기투자와 직접투자도 증가할 것이다. 이외에 남북 간 통화비율을 합리적으로 조정하고 노동시장의 혼란을 진정시키는 동시에 외국 투자자들을 안심시키는 정책과 함께 국제사회의 경제적 지원을 조기에 확보하는 과제를 해결해야 한다. 특히 한국 경제 단독으로 북한 경제를 포용하기보다는 국제사회의 지원을 통해 부담의 분담이 이루어지도록 해야 한다.

3. 경제 위기에 따른 북한 난민 대책과 경제 안정화 방안: 조기 수습이냐 혼란이냐?

1) 북한 난민 대처 방안: 난민 발생은 최소화하라

북한 전역에 식량과 물자 공급이 제대로 이루어지지 않음에 따라 주민들이 국경 지역을 통해 중국과 러시아 등으로 탈출을 시도할 것이다. 강원도와 황해도 등 북측 국경지대로 이동하기가 어려운 일부 주민들은 해상과 휴전선을 통해 남한과 일본, 대만 등으로 탈출을 시도할 것이다. 탈북 규모는 급변사태 징후 단계 이후부터 2개월 간 약 30만 명에 이를 것으로 추정된다. 독일의 경우를 보면, 베를린 장벽 붕괴를 전후한 2개월 동안 약 18만 명의 동독 주민이 서독으로 탈출한 바 있다.[11] 특히 중국과

---

11) 이는 북한인구 비례로는 26만 명에 해당한다. 다만 동독과 북한의 차이는

러시아 등 제3국에 체류하던 기존 탈북자들도 한국과 미국 외교공관에 진입하여 망명을 요청할 것이다.

급변사태에 따른 탈북 난민의 규모는 급변사태의 형태에 따라 다를 것이다. 급변사태의 정의는 다양하게 내릴 수 있으나 탈북 난민을 평가할 때는 대략 세 가지 사태로 구분하여 규모를 추정할 수 있다. 제1 유형은 단순히 김정일의 실각과 위기관리 정권이 등장하는 사태이다. 제2 유형은 사회주의체제의 붕괴와 권위주의적 개발독재체제가 정립된 경우다. 이 경우는 김정일 위원장과 그를 둘러싼 엘리트 집단의 교체 또는 정권 차원의 변화보다 훨씬 더 큰 범위에서 발생한다. 제3 유형은 국가 체계가 전체적으로 붕괴된 경우다. 이 유형에서는 무정부 상태나 내전 상태로 기존 국가 시스템이 완전히 와해된다. 제1 유형의 경우에 탈북자는 2개월 간 10만 명 이내가 될 것이다.[12] 휴전선을 통한 자유 이동이 불가능하기 때문에 대체로 중국이나 러시아로 탈북하는 이들이 70~80퍼센트를 차지하고 나머지는 남측 해상을 통한 보트 피플이 될 것이다. 교통수단을 이용하기 어렵고 아직은 공권력 등이 주민들의 이동을 통제하는 상황이기 때문에 난민 발생이 제한적이다. 제2 유형의 경우는 제1 유형보다 사회·경제적 불투명성이 심화됨에 따라 2개월 간 20만 명 수준이 될 것으로 예상된다.

제3 유형의 경우는 내전과 무정부 상태에 이름에 따라 혼란의 정도가

북한의 경우가 동독보다는 탈출 경로가 중국, 러시아, 해상 등으로 다양하다는 점이다. 또 북한의 경제 혼란이 동독의 경우보다 훨씬 심각하기 때문에 탈출 욕구가 강할 것이다.

12) 이 수치는 1989년 8월 3일 여름부터 베를린 장벽이 붕괴될 때까지 탈출한 동독 주민의 인구대비 비율을 참고하여 북한의 적대계층 비율과 고위간부 비율, 생산가능 연령 비율에 대비하여 산출한 것이다.

〈표 1〉 동독 탈출·이주민 통계: 1989년 8월~1990년 6월

	탈출자		합법적 이주자		총계(명)
	인원(명)	비율(%)	인원(명)	비율(%)	
1989. 8	8,143	38.9	12,812	61.1	20,955
9	21,352	64.2	11,903	35.8	33,255
10	26,426	46.3	30,598	53.7	57,024
11	–	–	–	–	133,429
12	–	–	–	–	43,221
1990. 1	–	–	–	–	73,729
2	–	–	–	–	63,893
3	–	–	–	–	46,241
4	–	–	–	–	24,615
5	–	–	–	–	19,217
6	–	–	–	–	10,689
					526,268

출처: 주독 대사관, 『피난과 출국의 동서독 이주 40년사』(1991).

극심할 것으로 추정된다. 일부는 휴전선이 강제적으로 부분 개방되는 경우까지 상정할 수 있다. 이 경우에는 약 200만 명 내외의 탈북 난민이 발생할 것이다. 또 북한 주민을 핵심 계층(30%, 700만 명), 동요 계층(45%, 1,100만 명), 적대 계층(25%, 500만 명)으로 구분하여 적대 계층을 중심으로 약 400만 명의 난민이 발생할 것이라는 전망도 있다.[13] 난민의 규모를 3등급으로 구분하여 체제 붕괴의 결정 단계인 1단계는 월 1만 명, 체제 붕괴의 본격화 단계인 2단계는 월 2천 명, 체제 붕괴의 시작 단계인 3단계에서는 월 500명의 난민이 발생할 것이라는 전망도 있다.[14]

재외 난민 대처방안은 4단계로 구분하여 추진할 수 있다. 국제법상

---

[13] 허남성·윤종호·이은득, "북한의 급변·붕괴사태 발생시 국제공조체제 구축방안", 《정책연구》 126호(1997), 152쪽.
[14] 하봉규, 「김정일 정권 붕괴 시나리오와 한국의 정책 대응모형」, 『'96 북한 및 통일연구 논문집: 통일정책 분야』(통일원, 1996), 113쪽.

난민의 기착지인 현지 국가는 임시구호(temporary asylum) 의무가 있다.[15] 따라서 1단계로 난민은 현지 국가에 임시수용될 것이다. 외교부는 난민들을 북한으로 강제 송환하지 않도록 외교적인 협조를 도출하는 데 주력해야 한다. 2단계는 국제사회와의 공동 대처가 필수적이다. 현지 국가와 남한, 유엔 등의 공동 보조하에 '북한난민국제회의'를 구성하여 공동 대처해야 한다. 과거 베트남의 경우를 보면, 난민의 주요 탈출 대상국이던 태국은 국제사회의 인도적인 책임 분담을 강력히 주장하여 '인도차이나난민국제회의'를 발족한 바 있다. '북한난민국제회의'가 현지 국가와 협조하여 탈북 주민의 유입이 예상되는 북한과의 접경 지역에 수용시설을 설치하여 운영해야 한다. 수용시설을 운영하기 위해서는 각국의 비용 분담이 불가피하나 남한의 비중이 가장 클 수밖에 없을 것이다. 식량과 생필품 등 현물 지원과 함께 인력 지원도 필요하다.[16]

3단계는 탈출국 현지 혹은 남한을 제외한 제3국에 정착 의사가 있는 경우에는 해당 국가와의 협조 체제를 유지해야 하는 과정이다. 현지 국가에 진출한 한국 기업이 탈북자를 고용하는 방안도 검토해야 한다. 4단계로 남한이 북한 내부에 대한 통제력을 장악하게 되면 탈북자들을 북한으로 귀환해야 한다. 이들이 집단적으로 남한으로 내려온다면 남한 사회의 혼란이 가중될 가능성이 크기 때문이다. 과거 아시아 각국에 퍼져 있던 베트남 난민들도 국제 정세가 변화하면서 1995년 4월부터 강제 송환되었다.[17] 이와 같은 방침은 현재의 「북한 이탈주민의 보호

---

15) '난민의 지위에 관한 협약'(1951), '난민의 지위에 관한 의정서'(1967).
16) 북한의 급변사태가 발생함에 따라 일본의 대북 배상금에 대한 협의가 필요할 것이다.
17) 베트남에 대한 유엔 조사관의 보고에 따르면 1차 송환자 6만 8,000명에 대한

및 정착지원에 관한 법률」과는 다르므로 「임시특례법」 혹은 긴급명령의 발동이 필요하다.

2) 국내 북한 난민 대처 방안: 임시 수용시설을 확보하라

국내 난민 대처방안 역시 4단계로 구분하여 추진할 수 있다. 1단계로 전국에 「임시특례법」을 발동시키는 동시에 북한 내 주민들에게 대북지원계획을 홍보하여 난민 발생을 억제하는 것이다. '북한 급변사태 대처 임시특례법안'(가칭)을 조기에 준비하여 발효시키는 것이 필요하다. 1994년 8월 쿠바로부터 난민이 급증하자 미국 플로리다 주지사는 주 전역에 난민 비상사태를 선포하고 연방정부에 긴급 구호자금 지원을 요청했다.

2단계는 임시구호 단계를 상정할 수 있다. 휴전선 부근에 이주민들을 2~3일간 임시로 구호하여 인적 사항을 파악하고 수용 지역을 결정한다. 과거 독일의 경우에 베를린 장벽 붕괴를 전후한 시기에 서독으로 탈출한 동독 주민들은 연방 긴급수용소에서 약 1주일간 임시 구호를 받은 후, 각 주에 설치된 정규 난민수용소로 이동한 바 있다. 휴전선 부근에 약 1만 명 규모의 임시 구호시설을 분산·설치하여 운영하는 대책을 세워야 한다. 현 단계에서 휴전선 부근에 수용시설 건립부지를 확보해 놓을 필요가 있으며 실제 건립은 '징후 단계'부터 실행하는 것이 적절하다. 임시 구호시설의 운영인력은 휴전선 부근이므로 주로 군 인력을 활용하는 것이 타당하다.

베트남 정부의 박해는 없었다. 한반도의 대전환, 《월간조선》, 2003년 1월, 302쪽.

3단계는 국내 수용단계다. 각 지방자치 단체별로 난민을 수용할 각종 숙박시설을 점검하고 유사시에 대비하여 각 지역별 배치계획을 준비해야 한다. 시·도지사 책임하에 폐교, 종교시설, 연수원 중에서 전기·수도 시설을 갖추고 접근이 용이한 공공시설을 우선적으로 선정하고 필요한 경우에는 추가적으로 수용시설을 건립해야 한다. 4단계는 주민의 송환 단계다. 남한이 북한 내부에 대한 통제력을 확보한 후에는 남한 내 탈북 주민도 재외 난민과 같이 북한으로 송환해야 한다. 남한이 북한 내부를 장악한 후에도 일정 기간은 남북한 간의 자유로운 인구 이동을 제한해야 함으로 탈북자에게도 같은 원칙을 적용할 필요가 있다. 과거 클린턴 대통령은 쿠바 난민들을 관타나모 해군기지에 임시 수용한 후 본국 송환을 유도하거나 제3국에 설치되는 안전지대로 이송한 바 있다.

3) 대북 식량 및 생필품 지원 방안: 주민의 생존을 확보하라

북한의 난민 발생을 최소화하기 위해서는 북한 주민들에게 최소한의 식량이 공급되어야 한다. 북한 주민에게 식용소비량 기준으로 두 달분에 해당하는 70만 톤의 곡물을 급변사태 발생·심화 단계에서 긴급 지원할 필요가 있다.[18] 북한 인구를 2,300만 명(2006년 기준)으로 볼 때 최소 요구량(1,637kcal) 기준으로 사료와 산업용을 제외하고 하루 약 1만 3,000톤의 식용 곡물이 필요하다. 곡물은 쌀과 옥수수, 밀가루 등을 혼합하는

---

18) 2005년 기준으로 북한은 440만 톤의 식량을 생산했다. 산업가공용과 사료용을 제외한 식용과 종자용 기준으로 산정한 최소 소요량 550만 톤에 약 100만 톤 정도가 부족한 양이다. 최소 활동을 하는 데 필요한 열량섭취 요구량을 쌀과 옥수수에서 100퍼센트를 획득한다고 가정하면 성인기준 1인당 하루 468g의 곡물이 필요하다. 최소 소요량이 아닌 열량권장량(남 2,500kcal, 여 2,000kcal)을 기준으로 하루 1만 5,000톤씩 두 달간 총 90만 톤의 곡물이 필요하다.

〈표 2〉 북한 주민생필품 지급 내역: 기초생필품 무상지급

기초 생필품		지급 기준(6개월 기준)		소요량(2,300만 명 기준)
의류	외의	1인	1벌	2,300만 벌
	점퍼	1인	1벌	2,300만 벌
	T셔츠	1인	1매	2,300만 매
	내의	1인	1벌	2,300만 벌
	러닝셔츠	1인	2매	4,600만 매
	팬티	1인	2매	4,600만 매
	양말	1인	6켤레	13,800만 켤레
	수건	1인	1장	2,300만 장
비의류	세탁비누	가구당	12개	7,200만 개
	화장비누	가구당	12개	7,200만 개
	치약	1인	6개	13,800만 개
	칫솔	1인	2개	4,600만 개
	화장지	1인	18롤	39,400만 롤
	부엌용 세제	가구당	6통	3,600만 통
	연료(등유)	가구당	60리터	36,000만 리터

* 인구 1인당 기준 소요량을 기준으로 작성함.

것이 적절하다. 가격 면에서는 옥수수가 유리하나 상징적 측면에서는 쌀의 비중을 60퍼센트 이상으로 높여야 한다. 쌀의 공급은 북한 주민에게 한반도에 새로운 시대가 도래할 것이라는 장밋빛 전망을 갖게 하는 데 도움이 될 것이다.

대북 긴급지원에 대비하여 통일한국 인구 기준으로 2개월분 이상의 곡물을 '통일비축양곡'으로 미리 비축하는 것이 바람직하다. 급변사태가 장기화되면서 '통일비축양곡'을 지원한 후 국내 조달이 한계에 부딪힌다면 추가적인 곡물을 중국, 일본, 베트남 등 주변 국가에서 조달하는 방안도 검토해야 한다. 현재 일본은 300만~400만 톤 내외의 재고미를 비축하고 있는데 이 중 식량안보상 필요한 비축분 150만 톤을 제외하더라도 100만 톤 이상은 방출할 수 있을 것으로 추정된다. 또 중국의 동북

3성에서 옥수수와 쌀을 구매하여 신속하게 지원하는 방안도 검토할 수 있다. 지리적인 이점으로 지원 시간을 단축할 수 있다.

급변사태 이후 생필품 구입이 어려워진 북한 주민들에게 기본적인 생활 안정화에 반드시 필요하다고 판단되는 기초 생필품을 최소 규모에서 한 차례 정도 무상배급해야 한다. 다만 주민들의 도덕적 해이를 방지하기 위해 내구재 성격이 강한 추가 생필품은 유상으로 배급하는 것을 원칙으로 한다. 생활 안정에 필요한 예산은 급식비와 생필품, 의료품 조달 비용으로 사용될 것이다.

4) 북한 경제재건 방안: '30일계획'과 마셜플랜 발표로 비전을 제시하자

북한의 급변사태가 발생하면 초기 한 달 정도가 사태를 관리하는 데 매우 중요한 기간이 될 것이다. 한 달 내외 기간에 걸쳐 사태를 효과적으로 관리하면 급변사태를 긍정적 방향으로 유도할 수 있을 것이다. 따라서 급변사태의 초기 기간인 한 달을 어떻게 대처할 것인가에 대한 세부 계획이 필요하다. 북한 급변사태 발생 시 초기 단계를 관리하는 '30일계획'(가칭)을 수립하여 초기 30일간 북한 주민의 동요를 최대한 억제하고 남한 경제를 안정시킴으로써 사태를 철저히 통제하는 것이 매우 중요하다. '30일계획'에는 식량과 생필품의 지원뿐만 아니라 북한 경제에 대한 단기 및 중장기 재건 방안을 제시하여 북한 주민들에게 미래에 대한 희망을 줌으로써 난민 발생을 최대한 억제하고 한국 경제에 대한 충격을 최소화해야 한다.

북한 경제재건은 급변사태 초기에 예산 제약과 정세 불안 등으로 구체적인 시행 개념보다는 비전 제시에 중점을 둘 수밖에 없다. 즉 북한 경제재건 계획은 '30일계획' 기간 중에 반드시 실행될 필요는 없으나 급변사태 초기 단계에서 그 기본 정신과 정책 방향을 국내외에 신속히 홍보하여 혼란과 후유증을 최소화하도록 노력해야 한다. 특히 이를 통해 미국과 일본, 중국 및 OECD 국가와 국제통화기금(IMF), 세계은행(World Bank)과 아시아개발은행(Asian Development Bank; ADB) 등 국제 금융기관을 포괄하는 국제사회에 남북한이 급변사태의 난관을 극복하고 정치, 사회는 물론 경제통합에 성공할 수 있다는 신뢰와 확신을 심어주는 것이 중요하다.

특히 북한 급변사태의 안정적 대처가 한국 경제는 물론 동북아의 불안 요인을 사전에 제거한다는 측면에서 국제사회의 주요 해결 과제라는 점을 강력히 주장해야 한다. 북한의 급변사태는 단순히 한반도 내부의 문제가 아니라 동북아 전체의 과제라는 인식을 심어주는 것이 중요하다. 이는 향후 통합 과정에서 소요될 천문학적인 비용을 남한 단독으로 조달하는 것이 물리적으로 불가능하므로, 국제사회의 통합지원 체제를 구축하는 데 필수적이다.

북한 경제재건의 비전을 제시하기 위해서는 북한판 마셜플랜과 한국이 과거에 추진했던 경제개발 5개년 계획 등을 접목한 북한 경제재건계획을 마련해야 한다. 경제재건계획의 수립을 통해 북한 지역이 사회주의체제를 탈피하여 자본주의 경제로 전환할 수 있다는 인식을 국제사회에 전달하는 한편으로 경제난에서 탈피할 수 있다는 심리적 안정감을 북한 주민에게 전달할 수 있을 것이다. 북한판 마셜플랜을 제시함으로써 북한의 체제 전환 과정에서 발생할 경제적·사회적 부작용을 최소화하고 민간투자를 유치하는 한편, 북한 주민의 자구 노력을 지원할 수 있을 것이다. 특히 북한 경제재건 과정에서 북한 주민들에게 자구 노력이 매우 중요하다는 인식도 고취시켜야 한다. 만약 북한 주민들 사이에 자포자기 의식이 만연하여 남한 정부에서 모든 의식주를 공급하고 경제재건을 책임진다는 도덕적 해이가 확산된다면 정부대책의 효과는 제한적일 수밖에 없다.

그리고 북한 경제의 재건 과정에서 주민들의 일자리를 마련하는 것이 시급한 과제다. 주민들은 일자리를 얻음으로써 경제적·심리적 안정을 찾고 북한 경제재건에 적극적으로 참여하게 될 것이다. 이를 위해 우선 북한판 뉴딜(New Deal) 정책을 통해 대규모 공공사업과 취로사업을 실시하여 고용을 창출해야 한다. 특히 이 과정에서 무상 차원의 지원보다는 일한 대가로 임금을 수령한다는 원칙(Work for Food)[19]을 주민들에게 심어준다는 데 큰 의미를 두어야 한다. 북한 주민들 사이에, 무작정 남한으로 월남하면 남한 사회에 적응하기 어렵다는 인식이 확산되는 것이 북한체제의 조기 안정화에 기여할 것이다.

상당수의 낡고 부실화된 북한 공장이 폐쇄되고 북한군이 해체됨에 따라 실업자가 급증할 가능성이 적지 않다. 외형적으로는 실업자가 존재하지 않는 완전고용(full employment)에서 실제상의 과잉 고용이 노출됨으로써 모든 직장과 직종에서 불필요한 인원 정리를 포함한 구조 조정이 불가피할 것이다. 이에 따라 정리된 과잉 노동력을 신규 직업에 재배치하기 위한 구조 조정이 필요하다. 농민과 사무직 근로자를 제외한 일반 근로자 중에서 30퍼센트 이상(200만 명 내외)이 새로운 일자리를 찾아야 할 것으로 예상된다. 현재 북한의 열악한 사회간접자본 시설을 감안할 때 도로, 항만, 통신망 확충, 댐 및 발전소 건설, 산림녹화 등 공공사업을

---

19) Abdur Rashid et al., "FAO/WFP Crop and Food Supply Assessment Mission to the DPRK," *FAO Special Report*, 22 November 2004, p. 4.

추진하면 이 노동력을 충분히 수용할 것으로 예상된다. 민간투자를 활용하여 일차적으로 노동집약적 산업을 육성하는 것도 실업사태를 해소하는 효과적인 방법이 될 수 있다. 민간 분야에서 잉여 노동력이 대량으로 발생하는 동시에 북한의 공적 분야에서도 대규모의 인력 재조정을 해야 한다. 정부 인력이 대폭 축소되는 분야는 외교, 국방, 재정, 정책조정 등이고, 기능 유지가 필요한 분야는 복지후생, 체신 및 경찰 등이 될 것이다.[20] 이에 따라 공공 분야에서도 분야별 인력재배치가 불가피할 것이다. 그러나 급변사태가 발생한 초기에는 인력 조정이 발생하지는 않을 것이다.

또 기본적으로 임금을 안정적으로 유지하여 대북투자를 확대하는 동시에 북한 주민에게 소규모 유통업 창업을 권장하는 것도 경제 안정화에 도움이 될 것이다. 북한 주민의 임금이 남한 근로자 수준으로 상승하기 시작하면 저임금을 활용한 노동집약적 산업을 육성하기가 어려우므로 임금을 남북한으로 분리·통제하는 정책도 꼭 필요하다. 독일의 경우, 동·서독 간 근로자의 실질임금 비율이 1 대 4 수준이었음에도 불구하고 1 대 1로 임금을 책정하여 동독 근로자의 노동력을 과대평가했다. 서독은 동독지역의 임금 인상을 묵인했고, 사회보장 지출을 확대하는 방식으로 소득 배분을 배분하여 투자 위축, 실업, 성장 정체 등의 부작용을 초래했다.[21] 결국 서독 경제의 부담이 과도하게 증가했고 이러한 시행착오가 한반도에서도 재연될 가능성이 적지 않은 만큼 합리적인 정책 수립이

---

20) 박응격·서병철,『통일이후를 대비하는 정부인력관리의 과제와 대책』(한국행정연구원, 1996. 1), 113쪽.
21) 박주식,『북한의 급변사태와 한국의 경제적 대응방안』, ≪평화연구≫, 제6권(평화문제연구소, 1997), 195쪽.

필요하다.

일자리를 창출하는 단기적인 처방과 동시에 중기적인 차원의 구조적인 경제를 지원할 대책 마련이 불가피하다. 북한 경제의 조기 재건을 위해서는 에너지 공급지원, 지하자원 개발, 관광자원 개발, 대북 투자 촉진 등 단계별로 북한 경제를 활성화할 수 있는 정책 마련이 필요하다.

4. 한국 경제 안정화 방안: 충격을 최소화하라

1) 국내 경제 안정대책

북한의 급변사태에 따른 국내 경제의 일차적인 불안정은 외국인 투자자금의 급속한 유출이다. 초기에 외환안정 대책을 통해 외환 유출에 대한 공백을 효율적으로 관리할 경우, 북한의 전쟁 위협을 해소하여 한국의 컨트리 리스크(country risk)는 오히려 감소할 수 있다. 이럴 경우, 한국의 국가신인도는 역설적으로 상승할 수 있다. 2005년 말 기준으로 한국의 외환보유고는 2,104억 달러로 1997년 외환위기 당시의 상황과는 사뭇 다르다.[22] 그렇지만 북한의 급변사태는 충격의 강도로 보아 한국 경제에 외환위기를 일으킬 가능성이 적지 않은 만큼 단계별 외환위기 대책이 필요하다.

우선 외환위기를 단계별로 구분하여 대책을 추진해야 한다. 1단계로 외환보유고를 방출하여 원화의 급격한 평가절하를 차단하는 것이 필요하

---

[22] 우리나라 외환보유액은 2,104억 달러로 일본(8,436억 달러), 중국(7,110억 달러), 대만(2,537억 달러)에 이어 세계 4위를 기록했다. 『2005년 기금결산 보고서』(국회 예산정책처, 2006. 6).

다. 외환 사정의 불안정이 지속될 가능성이 상존하기 때문에 일정 부분 원화의 평가절하는 불가피하다. 정책의 초점은 향후 원화가 계속 평가절하될 것이라는 비관적인 예측을 불식하는 데 맞추어야 한다. 2단계로 국제 금융기관의 지원을 유치해야 한다. IMF 등 국제 금융기관과의 협상을 통해 자금 지원을 확보해야 한다. 3단계로 외화 유출을 억제하기 위해 외환거래세를 부과하는 방안도 검토할 수 있다. 4단계로 일시적인 외환거래의 부분 중단도 검토할 수 있다. 다만 외환거래의 부분 중단은 비상조치로 국제 금융시장에서 한국의 국가신인도를 하락시킬 가능성이 적지 않은 만큼 신중히 접근해야 한다. 그러나 북한의 급변사태가 반복적으로 발생하는 것이 아닌 만큼 한국의 국가신인도가 크게 훼손되지는 않을 것이다.

　북한의 급변사태로 국내 금융기관의 대량 예금 인출이 우려되는 만큼 1단계로 대량 예금 인출 사태를 억제하기 위해서는 심리적 차원의 예금자 보호 대책이 필요하다. 이를 위해 급변사태가 단기간에 진정될 것이라는 정부의 홍보 대책을 마련함과 동시에 한시적으로 거액의 단기 금융상품에 한해 예금인출세를 도입하고 예금 인출 금액의 일정 비율을 조세로 부과하는 방안을 강구해야 한다. 이외에 부동산 투기와 금사재기 등 인출한 예금의 실물투기 등으로 발생할 경제혼란을 방지하는 대책이 마련되어야 한다. 기업과 개인들의 외화 불법유출을 차단하기 위해 외화 유출 대책이 수립되어야 한다.

　사재기·매점매석 등으로 인한 인플레이션 발생 억지 대책도 마련해야 한다. 1단계로 식료품, 생활용품, 일부 의약품을 대상으로 비상국무회의의 심의를 거쳐 물가안정에 관한 법률 제6조에 의거하여 긴급수급조정조치를 발동하여 생산과 유통을 통제하는 것이 필요하다. 2단계로 매점매석에 대한 단속을 강화하고 국내의 생산가동률을 제고해야 한다. 3단계로는 수입 확대와 수출품의 내수 전환이 필요하다.

북한에 급변사태가 발생할 경우, 초기 단계에서 '30일계획'에 따라 예산 집행이 효율적으로 이루어져야 한다. '30일계획'은 사태가 이미 발생하여 한국의 대책이 실질적으로 집행 가능한 단계에서 작동될 것이다. 북한 전역이 혼란에 처해 한국의 공권력이 북한 전역에 실효적으로 미치지 못한다면 '30일계획'은 제한적으로 발동될 수밖에 없다. 지원이 가능한 시점이 도래한 경우에, 주요 예산집행 항목은 앞서 지적한 것처럼 재외 난민과 국내 난민을 지원하는 데 필요하다. 재외 난민의 경우, 인원에 따라 차이가 있지만 제3국에서 이들을 보호하며 의식주를 제공하는 데 최소 2,000억 원 내외가 소요될 것으로 추정된다. 국내 난민 지원은 임시 구호시설, 수용소시설 마련과 물자 지원에 2,000억 원이 소요될 것이다. 기존 시설을 최대한 활용한다면 시설비용은 축소될 수 있다.

이외에 1개월분 식량인 35만 톤 상당의 식량과 생필품을 지원할 예산이 필요하다. '30일계획'에 따라 북한 관리에 나설 경우, 단기적인 주민생활 안정과 동시에 경제재건계획 마련 등에 초기 3~6개월 기간 동안에 5조 원 내외의 예산이 소요될 것이다. 다만 중국, 러시아 등의 국가가 김정일 이후 북한과 한반도에 대한 영향력을 확대하기 위해 북한의 급변사태에 직접 개입한다면 실질적인 예산 집행은 연기될 수 있다. 초단기적으로 정부 재정상 현금 확보는 남북협력기금과 예비비를 활용해야 한다. 국가 비상사태에 대비해 예비비를 설정하고 이의 전용을 금지할 필요가 있다.

한편 급변사태에 따라 국내 경제를 안정시키는 동시에 단계별 정책을 추진하는 과정에서 정부 부처 간의 유기적인 협조 체제를 구축해야 한다. 상황을 고려하여 효과적인 정책 목표를 추진하는 것이 중요하다.

〈표 3〉 급변사태 단계별 정책과제와 추진 체계

구분	현재	급변사태 내재 단계	급변대비 태세 III (가능 단계) ⇒ 30일계획 발동 단계	급변대비 태세 II (임박 단계) ⇒ 30일계획 전반 단계	급변대비 태세 I (발생 단계) ⇒ 30일계획 후반 단계
상황		김정일 권력 이상, 탈북 급증.	대량 탈북사태 (1일 중국·남한으로 수천 명)	대량 탈북 지속.	대량 탈북 진정. 남한 대북통제력 장악.
정책 목표		30일계획 준비체제 구축.	대량 탈북사태 진정. 남한 경제 안정화.	발표된 프로그램 실행. 북한에 대한 통제력 확대.	통일 방안 모색.
준비 기구	임시특례법 보완.	비상대책기구 준비.	비상대책기구 발동.		통일준비기구 마련.
식량 지원	통일비축양곡 설치 옥수수 35만 톤 확보.	통일비축양곡(농림부). 일본·중국·동남아에서 양곡수입협약 체결(농림부). 북한 내 배급체계 점검(통일부).	통일비축양곡 지원 발표. 북한 내 배급소 설치. 국제기구의 인력 지원 요청.	대북 지원.	지원 계속.
생필품 지원	지원물자 목록 확정. 북한에 컨테이너 지원.	일부 지원 물량 비축 및 확보.	대북물자지원 계획 발표.	생필품 확보(재경부). 수입 간소화 조치(산자부).	생필품 지원 (통일부).
재건 계획	북한지역 재건계획 수립. 홍보물 발간·배포계획. 단절철도·도로의 복구	대북 홍보물 발간 배포.	북한 지역 재건계획 발표.	북한 산업시설 복구 지원. 북한 지역 내 철로 복구.	대규모 공공사업·취로사업 발표.
재외 난민	중국과의 공조체제 구축. '북한난민국제회의' 조직 연구	북한난민국제회의 추진.	북한난민국제회의 출범.	탈북자 규모·인적 사항 파악.	탈북자 북한송환 계획 마련.
국제 공조	주변국과의 공조체제 유지	미·일의 대북경제 제재조치 완화 중재.	유엔 차원의 대북 지원 요청.	국제사회의 대북 지원.	외국인 대북투자 유치.

국내 난민	수용시설 점검. 구호시설 부지 확보. 인력확보계획 수립.	휴전선 부근에 임시구호 시설 설치 (국방부, 건교부). 지원인력 점검(행자부, 국방부). 지원생필품 확보 (재경부).	지원생필품 확보. 범국민 모금운동 (행자부).	지원 계속.	탈북자 북한송환 계획.	
국내 경제 안정	외환보유고 안정 유지. 외환위기 관리대책 수립. 수입대행 민간업체 파악. 휴전선 주변 토지허가구역 검토.	국내 경제 파급효과 전망. 외환위기 대책 발동.	예금 인출 안정화 방안 발표. 긴급수급조정조치 발동.	불법 외화유출 방지책 실시. 수입절차 간소화 조치 매점매석 단속 강화.	부동산투기 억제책.	
재원 조달	비상사태용 예비비 설치. 긴급자금지원 협약 체결.	남북협력기금 확대. 국제금융 시장 차입 타진.	남북협력기금 및 IMF에 긴급지원 요청.	남북협력기금 사용 예비비 지출. 국제 금융시장 차입.	추경예산 확보.	

* "한반도의 대전환", ≪월간조선≫, 2003년 1월.
과거 정부의 급변사태 비상계획과 부처별 대응 방향을 기초로 작성했음.

식량 및 생필품의 조달과 수용시설 등 부처 간의 유기적인 협조하에 전체 부처 차원에서 효율적인 종합대책을 마련해야 한다.

2) 북한의 단계별 상황과 대응 조치

북한의 급변사태에 대해 정부는 사태발생 추이와 심각성에 따라 적절한 대응책을 마련하는 것이 중요하다. 북한의 사태를 몇 단계로 구분하여 대책을 마련할 것인가는 기준에 따라 차이가 있다. 급변사태 발생 가능 정도에 따라 체제불안 요인이 잠재되어 있는 '평시 내재 단계', 급변사태의 징후가 부분적으로 표출되는 '급변사태 가능 단계', '급변사태 임박 단계' 마지막으로 '급변사태 발생'의 4단계로 구분할 수 있다. 이러한 단계는 반드시 순차적으로 진행되는 것이 아니라 북한의 사태에 따라 비순차적으로 작동될 수 있다.

단계별 북한의 상황과 우리의 대응 조치에 따라 적절한 경보체제를 운영한다. 우선 평시 단계로서 급변사태 내재 단계에는 관찰(Yellow)이 필요하다. 북한에 평상시와 다른 예기치 않은 사건이 빈번하게 발생할 조짐이 나타나는 등 해당 상황에 대해 집중적인 사실(facts) 여부 확인과 분석이 필요한 단계다. ① 정기적인 훈련 일정에는 없는 군인들의 대규모 야간 이동이 눈에 띄게 증가, ② 권력층 간 충돌, 유고 및 실각에 대한 유언비어 급증, ③ 북한의 직장이나 기업소 등에서 볼 수 없던 지시나 집회 등의 빈번한 개최, ④ 사회적으로 안정감이 덜하고 불안 여론이 확산되는 등 폭풍전야를 방불케 하는 분위기의 만연 등이다. 이에 따라 정부는 중국 국경지역에 대한 정보 수집을 강화하면서 촬영이나 감청 등 전자장비를 통해 정확한 사실 여부를 파악하는 데 주력한다. 상황을 실시간으로 추적·파악·분석하고 상황 전개의 다음 단계를 예측하는 데 주력한다.

두 번째로 급변대비 태세 Ⅲ(가능 단계) ⇒ 주목(Orange) 단계로 조기경보체제를 강화한다. 평상시와는 다른 예상치 않은 각종 징후가 부분적이고 간헐적으로 발생하기 시작하는 상황이다. ① 군부의 이동이 빈번해지고, 군인들의 휴가가 금지되고 대도시 인근에 무장 군인들의 주둔 장면이 많아짐, ② 기업소에 대한 검열이 강화되고 업무보다는 '충성' 등 정치적 사안을 주제로 한 사상총화 시간이 급증함, ③ 평양과 지방 간 열차운행 횟수가 줄어들고 시내에서 시 외곽으로의 이동에 대한 통제 증가, ④ 식량배급이 불규칙해지고, 소비재 등 물자 부족 현상이 심화됨, ⑤ 북·중 간 국경에 대한 중국군의 경비가 강화되고[23] 신의주 지역에 대한 무장경비가 강화됨, ⑥ 평양주재 유학생과 기업인 등 중국인들의 이동이 많아지고 야간에 외부 출입이 줄어듦, ⑦ 주민들이 삼삼오오 모여 권력층에 대한 동향 파악에 주력, ⑧ 주기적으로 방송과 신문이 중단되는 사태가 발생한다.

이에 따라 정부는 ㉠ 급변 가능성을 집중 추적·판단하기 위해 중국 외무성에 긴급연결망을 구축하는 한편 미국과 정보공조 체계 가동, 김정일 국방위원장 유고 가능성 파악에 총력을 기울인다. ㉡ 평양은 물론 개성공단, 금강산 등 북한 지역에 체류하는 우리 국민들의 신속한 철수를 지시한다. ㉢ 미국과 북한 사태에 대한 주변국의 일방적 개입을 방지하기 위한 외교적 협의체를 가동한다.

셋째는 급변대비 태세 II(임박단계) ⇒ 사태 파악(Blue) 단계로 초기 대응 조치를 시행한다. ① 우발적인 권력층 간 충돌로 김정일 위원장의 부상이나 감금 등 유고설 포착, ② 중국군이 압록강과 두만강을 건너

---

23) 베이징 올림픽을 앞둔 시점에 중국은 일단 북한의 급변사태가 중국의 안정을 위협하지 않게 하는 데 주력할 것이다. 중국의 대북한 정책은 두 가지 주장이 대립해왔다. 우선 완충지대론은 북한의 정책이 합리성을 결여하고 있지만 북한의 지리적인 전략적 가치를 고려해 볼 때 중국은 북한에서의 전쟁 발발을 미연에 방지하고 북한정권 연장에 적극 협력해야 한다는 점을 강조한다. 이 주장은 중국이 지난 55년간 외교·군사적으로 피해가려고 한 시나리오인 동시에 중국의 대북정책 결정 과정에서 안보의식의 기본 틀 역할을 오랫동안 해온 논리로 볼 수 있다. 다음 북한부담론은 북·중 상호 관계에서 이해득실을 따져볼 때 현재 북한은 중국에 이익이 되기보다는 손해가 된다는 견해로 최근 들어 목소리를 점차 높이고 있는 주장이다.

북한에 대한 두 가지 시각을 분류하는 연구는 Andrew Scobell, "China and North Korea: From Comrades-in arms to Allies at Arm's Length," *Strategic Studies Institute*(March, 2004); You Ji, "Understanding China's North Korea Policy," *China Brief*, Jamestown Foundation, Vol. IV, No. 5(March, 2004), pp. 1~3 참조.

평양 인근으로 이동하고 있다는 설 유포, ③ 주민들의 야간 통행금지(10시) 시행, ④ 야간에 평양 인근에 총성이 들리는 등 평소에는 없었던 특수한 사건이 발생, ⑤ 조선중앙방송에서 평시 방송을 중단하고 노래만 계속 방송, ≪로동신문≫에 새로운 사태를 언급하는 기사가 일부 등장, ⑥ 김정일 직계 가족에 대한 유고 소문의 유포, ⑦ 권력 엘리트 간 노선 갈등과 투쟁설[24] 유포, ⑧ 평양 거주 외국인들의 시 외곽 이동 금지, ⑨ 북한의 해외주재 대사관에서 평양방문 비자 발급 중단, ⑩ 북한과 외국 간 국제전화 통제, ⑪ 평양의과대학 병원 등 병원에 부상자들이 긴급하게 후송되거나 군인들이 병원에 집중경비를 서는 등 특이 사항이 발생한다.

이에 대응하여 정부는 조기 경보체제를 본격 가동한다. ㉠ 휴전선 전군 비상경계령(Defcon I, II, III) 발동, ㉡ 해상경계 강화, 미국과 긴밀한 정보 공유로 미국의 첨단위성을 통해 북한 정보를 실시간으로 수집하여 대응책 마련, ㉢ 탈북 주민의 국내 유입 억제, ㉣ 유입한 탈북 주민의 집단 수용·관리, ㉤ 평양은 물론 개성공단, 금강산 등 북한 지역에 체류하는 우리 국민들의 신속한 철수 지시, ㉥ 서해 및 동해의 휴전선 인근 지역에 임시 탈북자 수용시설을 설치한다.

마지막으로 급변대비 태세 I(발생단계) ⇒ 사태 대처(Red) 단계로 정부가 비상대응 체제를 가동하여 위기 대응조치를 실제로 시행한다. 당초 우려하는 사태가 현실이 되면서 북한 권력 내부에 실질적인 통치 타워(control tower)가 부재하여 극심한 혼란이 발생하는 단계이다. ① 평양 시내 통행금지(저녁 8시), 김정일 유고가 공식화되면서 주민 간 애도

---

24) 구종서 외, 『남북통일시나리오』(삼성경제연구소, 1996), 26쪽.

〈표 4〉 급변사태의 단계별 징후와 주요 조치

구분	징후	주요 조치
급변사태 내재 단계 → 관찰 (Yellow) 북한에 평상시와 다른 예기치 않은 행동이 빈번하게 발생.	• 정기적인 훈련 일정과는 다르게 군인들의 대규모 야간 이동 증가. • 권력층 간 충돌, 유고, 실각 관련 유언비어가 급증. • 북한의 직장이나 기업소 등에서 과거에는 보기 어려운 지시나 집회 개최.	• 중국 국경지역에 대한 정보 수집을 강화하면서 촬영이나 감청 등 전자장비를 통해 사태의 사실 여부를 파악하는 데 주력. • 상황을 실시간으로 추적·파악·분석하여 다음 단계 상황 전개를 예측하는 데 주력.
급변대비 태세 III(가능 단계) → 주목(Orange) 평상시와는 다른 예상치 않은 각종 징후 발생.	• 군부의 이동이 빈번해지고 군인들의 휴가가 금지되면서 무장 군인들의 대도시 인근 주둔 장면 증가. • 기업소에 대한 검열 활동이 강화, 사상총화 시간 급증. • 평양과 지방 간 열차운행 횟수가 감소, 시 외곽 교통 통제 증가.	• 중국에 긴급 연결망을 구축, 미국과 정보공조 체계 가동, 김정일 국방위원장 유고 가능성 파악에 총력. • 북한 지역에 체류하는 우리 국민의 신속한 철수를 지시. • 미국과 북한 사태에 대한 주변국의 일방적 개입을 방지하기 위한 외교적 협의체 가동.
급변대비 태세 II (임박 단계) → 사태 파악(Blue)	• 권력층 간 충돌로 김정일 위원장이 부상, 감금 등 유고설 포착. • 중국군이 압록강과 두만강을 건너 평양으로 이동하고 있다는 설 유포. • 야간 통행금지(9시) 시행. • 야간에 평양 인근에 총성이 들리는 등 특이 사건이 발생. • 조선중앙방송에서 평시 방송을 중단, ≪로동신문≫에 새로운 사태를 언급하는 기사가 일부 등장.	• 조기경보체제 본격 가동. • 휴전선 전군 비상경계령(Defcon I, II, III) 발동. • 미국과 긴밀한 정보 공유로 미국의 첨단위성을 통한 북한 정보를 실시간으로 수령하여 대책 마련. • 탈북 주민 국내 유입 억제. • 유입 탈북 주민 집단 수용·관리. • 서해와 동해 휴전선 인근 지역에 임시 탈북자 수용시설 설치.
급변대비 태세 I (발생 단계) → 사태 대처(Red)	• 평양 시내 통행금지(저녁 8시), 김정일 유고가 공식, 주민 간 애도 분위기 조성, 노동당과 군부에 의한 연합권력협의체 구성. • 김정일 위원장의 급작스런 병사, 사고사, 피격 등의 급격한 신변 이상. • 중국에서 평양 외곽까지 병력을 주둔시키면서 평양 내 권력자들과 협상을 시도하여 김정일 후계 체제에 깊이 개입하는 등 친중(親中) 정권을 조기에 수립하는 문제 협의 단계.	• 단동, 연길 등 중국 국경지대 우리 국민 접근 자제 요망. • 한·미 간 합동대응체제 구축. • 주변국의 한반도 무력행사 사용 억제. • 북한의 사후 관리를 둘러싸고 국내 진보세력과 보수세력 간의 과도한 대립 방지대책 강구. • 육상과 해상 탈북자의 대량 유입 관리 대책 강구. • 서해와 동해의 휴전선 인근 지역에 탈북자 수용시설 가동.

분위기 조성, 노동당과 군부에 의한 연합권력협의체 구성, ② 김정일 위원장의 급작스러운 병사, 사고사, 피격 등 급격한 신변 이상 혹은 핵심 세력 간 권력 투쟁 심화로 궁정 쿠데타 발생, 권력서열 2위와 군부를 장악한 세력과 김정남, 김정철 등 후계 체제를 둘러싸고 벌어지는 복잡한 권력층 간 갈등으로 조기 사태수습이 어려운 상황으로 전개, ③ 중국이 평양 외곽까지 병력을 주둔시키면서 평양 내 권력자들과 협상을 시도하여 김정일 후계 체제에 깊이 개입하는 등 친중(親中) 정권을 조기 수립[25]하는 문제를 협의하는 단계다.

이에 대응하여 정부는 ㉠ 여전히 북한에 체류 중인 우리 국민의 신변안전 확보, ㉡ 단동, 연길 등 중국 국경지대에 우리 국민들이 접근을 자제하도록 촉구, ㉢ 한·미 간 합동대응 체제 구축, ㉣ 주변국의 한반도 무력행사 억제, ㉤ 북한의 사후 관리를 둘러싸고 국내 진보세력과 보수세력 간의 과도한 대립 방지대책 강구, ㉥ 육상·해상 탈북자 대량 유입 관리대책 강구, ㉦ 서해·동해의 휴전선 인근 지역에 탈북자 수용시설 가동 등의 대책을 추진한다.

5. 맺음말

북한의 급변사태는 한반도에 새로운 시대를 여는 서막이 될 것이다. 한국전쟁 이후 50여 년에 걸친 분단체제에 종지부를 찍고 통일로 나아가

---

25) 김철(중국 요령사회과학연구원 한반도연구센터 비서장), "중국, 북 체제 무너뜨리지 않는 선에서 미국과 협력 강화할 것", ≪민족 21≫, 2006년 9월호, 72~73쪽.

는 초석이 될 것이다. 그러나 지난 분단 기간 동안 축적된 사회주의체제의 내부 모순이 폭발하면서 심각한 사회·경제적 문제를 야기할 것이다. 특히 급변사태는 내적인 사태의 폭발성과 함께 북한 주민의 의식주를 안정적으로 공급하면서 극심한 혼란에 빠진 북한 경제를 정상화해야 하는 과제를 떠맡게 될 한국 경제에 상당한 부담이 될 것이다.

동시에 북한의 급변사태는 동아시아의 현상유지(stats quo)를 어렵게 하는 국제정치적 사건인 만큼 중국과 일본, 러시아, 미국의 개입이 불가피할 것이다. 이와 같은 국내외적인 변동 요인은 중진국을 벗어나 선진국으로 도약하려는 한국 경제에 상당한 불안 요소로 작용할 것이다. 그러나 북한의 급변사태는 동북아 불안정의 근원인 북핵 문제를 해결할 기회를 제공하여 한국 경제의 국가신인도를 상승시키는 동시에 북한에 대한 외국인들의 투자 가능성을 높인다는 차원에서 한국 경제의 새로운 기회로 작용할 수 있다.

특히 현재 남한의 4,700만 경제권이 한반도 전체로 제품시장화를 확대하여 7,000만 경제권을 이루어낼 수 있다면 우리 경제의 도약에 기여할 수 있을 것이다. 그러나 초기 단계에서는, 1인당 국민소득이 700달러로 절대빈곤 상태에 놓인 북한 경제를 1인당 국민소득 최소 3,000달러로 끌어올리는 과정이 한국 경제에 매우 큰 시련과 위협 요인으로 작용할 가능성이 높다. 이에 따라 북한의 장점인 저임금과 저토지 비용 등을 남한의 자본, 기술 등과 효율적으로 접목시키는 세세한 대책 마련이 필요하다. 초기의 난관을 극복하여 북한의 국민소득이 3,000달러에 도달하고 남한의 국민소득이 2만 5,000달러를 넘어설 경우, 경제·사회·문화 통합과 정치적 측면의 통일을 자연스럽게 논의할 수 있을 것이다.

이와 같이 미래의 불투명성에 따른 위험과 기회를 동시에 가져다줄 수 있는 북한의 급변사태는 우리의 대응 여하에 따라 한국 경제에 긍정적 혹은 부정적인 요인이 될 것이다. 따라서 사전에 치밀하고 세부적인 대응책 마련이 필요하다는 점은 불문가지다.

 그동안 분단체제가 장기화되면서 북한 연구가 북한의 실상이나 이념적 차원의 연구에 치우친 면이 있으나 북한이 미사일 발사와 핵실험을 감행한 현시점에 북한 급변사태 연구는 더욱 활성화되어야 한다. 특히 경제적 측면에 대한 연구는 한국 경제의 충격을 최소화하면서 급변사태를 효율적으로 관리하는 데 가장 핵심적인 부분 중 하나가 될 것이다. 급변사태를 경험하는 북한 주민들에게 자본주의 시장경제의 장점과 비전을 제시하면서 북한 주민들을 관리할 수 있다면, 한국의 자체적인 능력으로 급변사태를 상당 부분 통제할 수 있는 기초를 만들 수 있다.

질의응답

Q

홍성국
극동문제연구소 북한연구실장

북한의 급변사태는 민족 경제에 위기가 되기도 하지만, 민족 경제의 발전과 도약의 새로운 기회가 되기도 합니다. 그러나 불행하게도 그동안에는 남북 관계 진전에 초점을 둔 대북정책 기조의 영향을 받아 북한 급변사태 또는 붕괴에 대한 연구가 소홀했던 것이 사실입니다. 그리고 이러한 과정에서 북한의 급변사태는 많은 문제점을 야기할 것이라는 논리가 지배하는 가운데 논의 자체를 기피하는 경향이 있었습니다. 남성욱 교수님께서 「한반도 급변사태와 우리의 효율적인 대응 방안」을 통해 기회의 측면을 제시한 것은 매우 의의가 크다고 할 것입니다. 특히 남 교수님께서는 개연성이 높은 북한 급변사태의 시나리오를 상황별로 제시하면서 그 대응 방안에 30일계획, 북한판 마셜플랜 등 시간적·공간적 개념을 입체적으로 조감하셨는데, 이에 대해 깊은 인상을 받았습니다. 제가 반론을 제기하기보다는 보충적인 논평을 하는 것이 더 적절할 것 같습니다.

어떠한 경제사회 현상이건 간에 크고 작은 문제를 수반합니다. 다만 우리 국민경제 발전에서 가장 근본적인 한계가 무엇인지를 정확히 관찰해야 합니다. 그것은 일시적인 경제 침체도 아니며 수급 애로도 아니며 인플레이션이나 디플레이션도 아닙니다. 분단경제이기 때문에 겪을 수밖에 없는 경제적 한계입니다. 즉 통일된 경제였다면 우리 경제는 같은 노력과 같은 비용으로도 훨씬 더 빠른 성장과 발전을 이뤄냈을 것입니다. 이러한 관점에서 저는 남 교수님의 접근 방법에 전적으로 동감합니다.

북한 지역에서 급변사태가 일어나게 되면, 남한 경제도 충격을 받을 것입니다. 남한 지역은 북한 급변사태 여파로 실질소득이 크게 감소하는 경제적 현상이 일어날 가능성이 높습니다. 북한 급변사태에 따라 남한 지역에서 북한지역으로 각종 경제지원과 재정보조가 불가피할 것이기 때문에 남한 지역에는 물가가 상승하고 조세 부담이 증가하는 등의 현상으로 실질 구매력이 오히려 저하될 수 있으며, 이렇듯 남한 주민의 일방적인 희생이 전제된다면 남북 지역 간의 사회적 갈등으로 발전할 가능성이 농후합니다. 그러나 남한 지역의 실질소득 감소는 북한 급변사태에 대처하기 위한 지원, 북한인구의 이주 등에 따른 일시적인 마찰 현상일 가능성이 높습니다. 그러나 남한 경제가 수요부족 경제이고 북한 경제는 공급부족 경제를 유지해왔으므로 중·장기적으로는 북한 급변사태가 투자수요와 소비수요를 확대시킴으로써 경기를 더욱 활성화시키는 도약 요인으로 작용할 수 있습니다. 이에 따라 남한 경제는 북한 급변사태를 계기로 소득이 감소하기보다 증가할 수 있는 절호의 기회를 얻을 수도 있습니다.

이렇게 보면 남한 지역에서는 실질소득 감소보다는 북한 붕괴와 더불어 폭발적으로 발생하는 수요 증가에 기인한 일시적 물가상승이 더욱 큰 문제가 될 것입니다. 물가상승의 폭은 상품별로 다르게 나타날 것이나 북한에서 수요가 많은 분야일수록 남한에서의 물가상승 폭은 클 것입니다. 예컨대 북한 복구, 대량 이주의 영향으로 곡물을 비롯한 음식료품, 각종 건설 기자재 등의 가격상승폭이 클 것이며 사치품과 고가품은 상대적으로 가격변동이 거의 없을 것입니다. 우리는, 독일의 경우 매년 1퍼센트 내외이던 서독 지역의 소비자물가 상승률이 1989년 베를린 장벽 붕괴를 겪으면서 3퍼센트 수준으로 대폭 상승한 경험을 직시할 필요가 있습니다.

북한 지역이 받는 경제적 충격 역시 클 것입니다. 북한은 급변사태로 체제가 전환되는 과정에서 북한의 기존 생산유통 체계가 와해될 것이므로 급변사태와 더불어 대량실업 문제와 절대빈곤 문제가 더욱 심화될 것입니다. 북한은 배급제, 완전고용, 낮은 생필품 공급가격 등을 통해 질적으로는 열악하지만 나름대로 국가가 최소한의 생활을 책임지는 계획경제체제였습니다. 그러나 급변사태로 가격자유화(물가수준 급등)와 함께 과잉고용 정리, 각종 보조금제 폐지 등으로 대량실업이 발생하면서 절대빈곤 문제가 심각하게 대두할 것입니다. 특히 북한지역의 실업 문제는 북한 주민의 생계와 직접적인 관련이 있을 뿐만 아니라 남북한 소득격차를 현저한 수준으로 벌여놓아 대규모적 남한 이주를 야기하는 주요 원인으로 작용할 것입니다.

따라서 세부적으로 북한의 급변사태 시 대응 방안에 몇 가지를 보충하여 더 발전시킬 필요가 있다고 저는 생각합니다. 남 교수님께서는 이 글을 통해 대량 이주대책, 양곡대책, 국제협력대책 등 대체로 실물 부문과 재정 부문에 대한 대응 방안 중심으로 발표하셨습니다. 그러나 북한 급변사태로 직접적인 영향을 받게 되는 지역은 말할 것도 없이 남한 지역입니다. 그런데 잘 아시다시피 남한 지역은 시장경제이고 가격경제입니다. 그러므로 북한 급변사태 시에 물가안정 대책은 빠져서는 안 될 중요한 요소가 될 것입니다. 사실 남 교수님께서도 잠깐 언급하셨지만 북한 급변사태로 남한 경제에서는 가격체계의 혼란이 일어날 것입니다. 따라서 북한 급변사태 시 시장 부문, 물가 부문과 관련한 대응 방안에 대한 좀 더 면밀한 연구가 필수적이라고 봅니다.

또 다른 하나는 북한의 유통화폐 교환비율입니다. 북한이 급변사태를 당했다고 해서 북한 주민의 재산권을 무시할 수 없기 때문입니다. 북한의 유통화폐 교환비율을 여하히 적정 환율로 설정하느냐에 따라 실질적인 통일 완성시기의 단축 여부가 결정될 것입니다.

마지막으로 남북한의 경제력 격차가 심화된 상황하에서 생산성과 임금 수준에 관한 문제를 면밀히 고민하지 않으면 안 될 것입니다. 북한 주민의 생산성과 임금은 일반적으로 매우 낮은 수준입니다. 그러므로 이를 종래와 같은 수준으로 그대로 설정해서는 안 된다는 것입니다. 북한의 생산성과 임금이 합목적적이면서 미래지향적으로 설정되도록 유도해 나가야 할 것입니다.

남 교수님께서 지적하신 바와 같이 북한의 급변사태는 남북 모두에게 '위기'와 '기회' 발생의 공통분모로 작용합니다. 이것은 상호 양립되는 객관적 가능성이라기보다 민족 경제의 도약이라는 '기회'를 실현하기 위해서는 북한의 급변사태라는 '위기'는 반드시 넘겨야 한다는 규범적 필요조건 개념으로 접근해야 할 것입니다. 그러나 '위기'를 극복하지 못하는 경우, 우리는 모처럼 얻은 도약의 기회를 잃어버릴지도 모릅니다.

A

남성욱
고려대학교 북한학과 교수

홍성국 교수님께서 왜 물가 안정대책을 소홀히 다루느냐는 질문을 해주셨습니다. 인플레이션을 잡기 위해서는 많은 물자공급이 이루어져야 하는데 사태 초기에는 물자공급 부족이 불가피하고 이 과정에서 주민들을 어떻게 먹여 살리느냐는 큰 문제이지만 대책은 제한적일 수밖에 없습니다. 왜냐하면 여전히 체제가 불안전하거나 회복되는 상황에서 우리가 무상으로 비용을 지급하는 데는 한계가 있기 때문입니다. 제가 그 금액을 한번 추정해 보니까 북한에 급변사태가 터지면 초기 30일 동안 난민시설 설립, 쌀 70만 톤 지원, 의류 지원 등만 따져도 최소 5조 원 정도의 지출이 예상됩니다. 사태를 초기에 잡지 못하면 30일이 아니라 3개월이 될 수도 있고, 그렇게 되면 비용은 기하급수적으로 늘게 됩니다. 한국 예산 규모로 돈을 무한정 털어 넣을 수 없기 때문에 국제기구와의 협력이 중요합니다.

특히 이 과정에서 도덕적 해이(Moral Hazard)를 방지하고 워크 포 푸드(Work for Food), 즉 일한 대가로 물자를 얻는다는 인식을 북한 주민들에게 심어주는 기조가 반드시 필요합니다. 초기에 일시적인 지원은 가능하지만 북한 주민을 영원히 먹여 살릴 수는 없기 때문입니다.

초기 인플레이션은 어느 정도 불가피할 수밖에 없습니다. 저로서는 인플레이션을 효과적으로 관리하는 것이 급변사태 초기에 취해야 할 북한 주민 대책의 핵심이 될 것으로 보입니다.

NDI 평가

　　북한의 급변사태는 한국 경제에 위험과 기회를 동시에 가져다줄 수 있다. 북한 급변사태 발생이 한국 경제에 긍정적인 요인이 될지 부정적인 요인이 되지는 우리의 대응 여하에 달려 있다고 필자는 주장한다. 막대한 통일비용이나 급변사태 수습 비용에 막연한 두려움을 가지고 있는 우리 사회에, 북한의 급변사태가 한국 경제 발전에 큰 기회가 될 수도 있다는 주장은 매우 새롭고 의미 있다. 이는 급변사태에 대한 우리의 대응이 그만큼 중요하다는 의미이다.

　　「한반도 급변사태와 우리의 효율적인 대응 방안: 경제 분야를 중심으로」에서는 급변사태 발생 시 남북의 경제적 혼란 양상을 예상한다. 이에 대한 난민대책과 대북 안정화 방안, 한국 경제 안정대책, 특히 30일계획과 한반도판 마셜플랜 발표 등 단기적인 북한 난민 대책과 경제재건 방안을 구체적이며 현실적으로 제시한다.

　　하지만 여기서 두 가지 의문점이 생긴다. 우선 그 대응책을 시행하는 데 필요한 재원은 어디서 조달할 것인가. 이 글에서는 향후 남북 통합 과정에서 소요되는 천문학적인 비용을 남한 단독으로 조달하는 것이 불가능하므로 국제사회의 통합지원 체계를 구축해야 한다고 보았다. 물론 주변 국가와 국제기구의 지원과 협력은 필수적이다. 하지만 통일비용에 대한 일반 국민들의 두려움과 부담감을 덜어줄 수 있는 구체적인 방안은 부족하다. 조세, 국공채 발행, 해외자금 조달, 통일기금 마련 등 재원조달 방안이 실업과 물가에 미치는 영향을 고려하여 궁극적으로 재정 부담을 극소화할 수 있는 구체적인 계획을 세워야 한다.

　　둘째는 30일계획과 마셜플랜 등 단기적인 대응책 실행 그 이후에 대한 의문이다. 난민 대처방안이나 식량과 생필품 지원 방안 등은 초기 초인플레이션을 방지하는 데 큰 힘이 될 것이다. 하지만 그 후 통합 과정에서 필요한 북한 주민들의 소득대책이나 실업대책, 사유재산 처리, 화폐통합 등은 지금부터 활발히 논의하고 연구해도 그 해결이 쉽지 않다. 이는 미래 통일한국 경제의 근본 구조와 관련된 문제이다. 이 글의 논의를 정리하고 더욱 발전시켜가는 것이 우리 경제의 중요한 과제라고 생각한다.

제4장
북한의 급변사태 시 사회·문화 부문의 대응책

서재진 | 통일연구원 선임연구위원

1. 머리말

　북한의 김정일 정권은 생존전략 차원에서 구사하는 핵 문제 게임 때문에 오히려 국제사회에서 고립되고 경제가 침체되어 체제존망 위기로 치닫고 있다. 1990년대 말에 고난의 행군이라고 일컫는 경제난에 처하면서 대량 아사사태가 나기도 했으나 북핵 문제는 여전히 꼬인 채 남아있고 북한의 경제 상황이나 대외적 고립은 전혀 완화되지 않았다.

　북핵 문제는 2005년 6자회담과 9·19공동선언으로 핵 문제의 돌파구가 마련되나 싶더니, 위폐 문제로 북한이 금융제재를 당하면서 교착 상태에 빠졌다. 금융제재는 북한이 핵개발 포기 선언을 하기 전에는 해제될 가능성이 낮기 때문에 북한은 더욱 난처해졌다.

　금융제재 국면을 돌파하기 위해 북한은 미사일 발사와 핵실험으로

응수했으나 상황은 더욱 악화되고 말았다. 상황이 단순히 악화된 것이 아니라 상황의 차원이 달라진 측면이 있다. 미국의 정책은 이제 6자회담을 통해 북핵 문제를 해결하는 것이 아니라 북한정권에 경제적 압박을 가해, 핵 문제를 해결하거나 정권을 교체함으로써 북한 문제를 근원적으로 해결하는 방식으로 변화된 측면이 있다.

중국의 대북정책도 변화하고 있다. 중국은 북한과 우호적인 관계를 유지함으로써 북한에 영향력을 행사하여 북핵 문제를 해결하는 접근법을 사용해왔지만 핵실험 이후 접근법을 바꾸고 있는 것으로 보인다. 김정일을 믿지 못하겠다는 인식 때문이다. 2005년 10월 후진타오 중국 주석은 북한 방문 연설에서 중국의 개혁·개방의 성과를 강조했는데 이는 북한으로 하여금 개혁·개방을 추진하여 정권을 안정시키라는 압력이었다. 이에 호응하여 김정일이 2006년 1월 중국의 개혁·개방 지역을 방문하는 형식으로 중국의 권유를 따르는 모습을 보이기도 했다.

그러나 최근 북한의 핵실험은 개혁·개방 정책을 진전시키기는커녕 오히려 군사모험주의적 방향으로 퇴행하는 행동이었다. 중국은 북한의 이러한 행태에 대해 과거와는 달리 미국의 대북압박정책에 동조하는 방식으로 대북정책을 바꾸고 있다. 북한·중국 사이의 경제협력 관계도 마찰을 빚고 있는 것으로 알려지고 있다. 중국과의 관계마저 악화될 경우, 북한의 상황은 매우 불확실해진다.

이런 상황에서 북한에 급변사태가 일어나는 것을 바람직하다고만 볼 수 없다. 북한에 급변사태가 난다고 하여 그것이 통일로 이어질 가능성은 높지 않다. 남북 간의 적대감이나 주변국의 한반도 현상유지정책, 우리의 통일역량 미비, 우리 국민들의 통일비용 우려 등 통일에 대한 소극적 태도 등이 그 이유이다.

북한의 급변사태는 더욱 나쁜 상황을 몰고 올 수도 있다. 잘못하면 한반도 전쟁으로 비화될 수도 있다. 북한에서 새로 권력을 잡은 집단이 정권 장악을 위해 엉뚱한 사건을 저지를 수도 있다. 급변사태가 일어난다면 상황 장악의 주도권 경쟁을 둘러싸고 북한 군부 내 파벌 간 권력투쟁이 발생할 수도 있다. 급변사태가 난다면 주변국들이 자국에 유리한 방향으로 상황을 전개하기 위해 개입할 가능성도 있다. 급변사태가 난다면 북한 주민들이 외부로 대량 탈북을 시도할 수도 있다. 우리 사회 내부에서는 그 대응책을 둘러싸고 갈등이 발생할 수 있다. 현재 상황에서 북한의 급변사태는 득보다 실이 많을 수도 있다.

그래서 우리 정부는 북한의 급변사태를 조장하기보다는 점진적 개혁·개방을 통해 체제 변화를 유도하는 정책을 추진하고 있다.

그럼에도 불구하고 만일의 경우에 북한 내부에서 급변사태가 발생한다면 그 파장은 대단히 클 수가 있기 때문에 이에 대한 철저한 대비책을 준비해 둘 필요가 있다. 이 글은 북한에서 일어날 수 있는 급변사태에 대비한 사회·문화적 대응책을 중심으로 살펴본다.

2. 급변사태의 개념·정의

북한의 급변사태로 상정할 수 있는 주요 사건은 정권 교체와 체제 붕괴다. 정권 교체는 김정일 위원장이 실각하여 다른 제3의 인물에게 권력이 넘어가는 경우이다. 체제 붕괴는 정권은 물론이고 사회주의체제 자체가 붕괴되는 사태로 매우 급진적인 변화를 의미한다. 김정일 정권이 무너지고 제3의 정권이 등장하면서 사회주의체제를 폐기하고 다른 체제로 전환하는 경우에 체제 변화가 이루어진다. 또한 제3의 정권이 권력을 장악하지 못한 채 내란이 지속되는 경우도 체제 변화로 볼 수 있다.

그러나 대체로 김정일의 실각은 대항세력이 김정일을 축출하거나 김정일 사망으로 군부 실권자가 권력을 장악하는 상황으로 연결될 가능성이 높기 때문에 북한의 급변사태는 정권 교체를 의미한다고 해도 과언이 아니다. 김정일 실각이 아니면 급변사태로 보기 어렵다. 민중봉기가 일어난다고 해도 김정일이 권좌에 있는 한 쉽게 진압될 것이며 군부 쿠데타가 발생한다고 하더라도 김정일이 권력을 유지하는 한 급변사태로 보기는 어렵다.

민중봉기가 일어난다면 무력으로 진압되더라도 그 자체로 큰 사건임에는 틀림없다. 민중봉기는 군부 등 권력집단이 대안의 권력을 모색하는 계기가 될 수도 있을 것이며 김정일 정권에 치명적인 상처가 될 수 있다. 그러나 여전히 김정일 정권이 상황을 장악한다면 김정일 정권은 유지될 것이다.

그 밖에도 정권 교체가 일어나지 않아도 급변사태로 일컬을 수 있는 상황은 대량 탈북사태 등이다. 정권의 변화가 없더라도 대량난민이 발생한다면 급변사태로 볼 수 있다. 대량 탈북사태는 정권의 사회통제력이 붕괴된 것을 의미하며 그것은 정권 붕괴를 촉발할 수 있기 때문이다. 그런데 북한에서 정권이 붕괴되지 않은 상태에서 대량난민은 생각하기 어렵다. 현재 진행되고 있는 개인 단위의 중국 탈북은 대량난민이 아니라 개별적 소수 난민이다.

3. 급변사태의 개연성

1) 체제 유지 요인

1980년대 후반 동유럽 사회주의 국가들이 붕괴될 때 북한도 붕괴되는 것이 아닌가 하는 전망도 있었다. 그럼에도 지금껏 북한이 체제를 유지하고 있는 까닭은 동유럽 사회주의 국가와는 다른 여러 가지 요인이 있었기 때문이다. 그중에서도 동유럽 사회주의 국가가 소련에 대항하여 반사회주의적·민족주의적 저항운동을 한 1950년대에 북한이 미국과 반제국주의 전쟁을 치른 경험이 가장 큰 변수로 작용했다.[26]

흔히 사회질서를 유지하는 요인으로서 구성원의 동의와 국가의 물리적 강제력을 든다. 이를 세분화하여 지금까지 북한체제를 지탱하는 데 기여한 핵심적 요소를 네 가지 정도 꼽는다면, 김정일 일개인의 리더십을 중심으로 한 체제·조직, 강력한 사회통제·물리적 통제, 반미주의라는 이데올로기, 체제 붕괴 시 미래에 대한 불확실성과 불안감 등이다.

김정일 외의 대안적 권력의 생성을 금지하고 억압하는 현재의 체제가 체제를 지탱하는 첫째 요인이다. 김정일에 대한 일말의 의심이나 불만

---

[26] 나치 독일이 폴란드를 공격함으로써 시작된 제2차 세계대전 기간 중 루마니아, 헝가리, 불가리아, 유고슬라비아 등 대부분의 동유럽 국가가 독일에 점령되었고 나치 독일에 대한 민족주의적 저항운동을 전개했는데 제2차 세계대전의 종전으로 동유럽의 종주국이 나치주의 독일에서 스탈린주의 소련으로 대체된 것이다. 따라서 동유럽 사회주의 국가에서 반소민족주의는 이러한 반나치 저항운동이라는 역사적 맥락에서 이해될 수 있다. 반소·반사회주의 운동이 동유럽 사회주의 전체를 뒤흔든 1950년대에 북한은 전혀 상이한 역사적 경험을 한 것이다. 북한은 6·25전쟁을 도발함으로써 미국 등 연합군의 대대적인 공격을 받았고 전 국토가 초토화되는 역사적 상처를 입었다. 반미주의는 아직도 북한체제를 유지하는 데 중요한 요인으로 작용하고 있다.

표출도 정치범으로 간주되어 가혹하게 처벌되고 있기 때문에 김정일 체제에 대한 도전은 거의 불가능하다.

북한의 사회통제력의 핵심은 비밀감시와 가족연좌제에 의한 처벌이다. 북한의 간부와 일반 주민들은 직장과 일상생활을 하는 모든 장소에서 비밀감시당한 사실을 알고 있기 때문에 공포심을 가지고 있으며, 또한 정치범에 대한 처벌은 당사자 개인만 처벌하는 것이 아니라 일가족을 집단적으로 처벌하기 때문에 체제에 불만을 가진 사람들도 불평이나 저항을 포기하지 않을 수 없다.

북한의 통치이념 중에서 반미주의는 핵 문제로 인한 미국과의 대결과 결부되어 실질적인 호소력을 지닌 통치이념이다. 북한의 간부와 일반 주민들 모두에게 효과가 있는 통치이념이 바로 반미주의다. 북한을 방문했을 때 만나는 간부나 일반 주민 모두가 반미주의에 대해서 강하게 내면화된 모습을 확인할 수 있다. 반미주의는 선군정치의 통치이념과 결부되며 핵무기와 미사일 개발 명분으로도 이용된다.

마지막으로 북한체제를 지탱하는 요인 중 하나는 북한 간부층의 김정일 이후 체제에 대한 불안감과 불확실성이다. 체제가 붕괴되어 남한에 흡수통일될 경우에 남한으로부터 처벌을 받지 않을까 하는 우려도 있지만, 체제가 붕괴될 경우 북한 주민들의 보복을 우려하는 이들도 많다. 오히려 북한 주민들의 보복을 더 두려워할 정도이다. 북한체제 유지 여부는 북한 간부들의 이해타산과도 결부된다.

이러한 요인 때문에 북한에서 민중봉기에 의한 체제 붕괴는 용이하지 않다. 정치적 도전에 대해서는 가차 없는 처벌이 가해진다. 사회통제가 이완되기는 했지만 정치적 도전에 대해서는 매우 엄한 처벌을 내리고 있다. 내부 요인만으로는 급변사태가 일어나기 어렵다.

2) 체제 불안정 요인

물론 북한 내에도 체제 안정을 위협하는 요인이 성장하고 있다. 경제난으로 인한 사회주의 질서의 이완, 시장요소 확대, 주민들의 사회의식 변화, 김정일에 대한 불만, 개혁·개방에 대한 동경 등이 전에 없이 확산되고 있다. 김일성 시대에는 상상할 수 없었던 변화가 일어나고 있다.

이러한 요인은 북한체제를 변화시키는 요인이기는 하지만 체제를 붕괴시킬 정도의 임계점에 도달하지는 못했다. 아직까지는 시장요소 확대가 주민들의 생계조달에 효율성이 있기 때문에 오히려 북한체제 유지에 순기능적 역할을 하고 있다.

그런데 북한 핵 문제와 미사일 문제에 따른 미국 등 국제사회의 압박은 북한에 큰 부담이 되고 있다. 미 정부 문서에 따르면 김정일 위원장은 2006년 1월 중국 방문 때 후진타오 국가주석에게 미국의 금융거래 단속 때문에 체제가 무너질지도 모른다고 말했을 정도이다. 김정일의 이러한 발언이 북한체제 붕괴의 화두를 촉발시켰다. 핵 문제와 미사일 문제로 국제사회와 강경 대치하고 있는 상황이 북한체제에 어떤 영향을 줄지 주목된다.

북한이 벼랑끝 대치를 하다가 막판에 6자회담에 참여하고 9·19공동선언을 이행한다면 북한은 김정일 정권과 사회주의체제를 계속 유지할 여지가 높아진다.

그러나 미국이 금융제재를 지속하고 북한이 핵실험을 강행할 경우에는 국제사회가 북한의 핵보유를 기정사실화하기보다는 핵 폐기를 요구할 것이기 때문에 북한의 대외고립은 장기화되어 북한의 미래는 매우 불확실한 상황으로 치달을 가능성이 높아진다.

(1) 북한의 6자회담에 참여할 경우

주변 국가들은 북한의 급변사태를 선호하지 않는다. 미국, 중국, 일본, 러시아 등은 한반도의 현상유지를 선호한다. 현상유지란 북한에 급변사태가 일어나지 않고 남북 분단이 유지되는 것이다.

북한 핵 문제와 미사일 관련 문제로 벼랑끝 대치를 하고 있는 것 같지만 사실은 주변 국가들도, 북한도 파국을 원하지 않기 때문에 일정한 시점에서 명분을 축적하여 타협에 이를 가능성이 높다.

미국은 2005년 9·19공동선언 직후 마카오 소재 델타아시아 은행(Banco Delta Asia, 이하 BDA)에 금융제재를 가하기 시작한 이후 그 강도를 높이기 위해 레비 재무성 차관이 전 세계의 금융기관에서 북한 돈을 찾아다녔다. 그러나 사실 BDA 외에 아시아 지역에 북한의 외화가 별로 없기 때문에 금융제재의 효율성은 이미 바닥을 드러낸 셈이다. 미국 강경파의 카드는 한계에 봉착했다.

미국의 대북 금융제재가 지속되는 상황에서 북한의 행보는 빨라지고 있다. 북한은 8월 26일에 외무성 대변인이 "9·19공동성명이 이행되면 우리가 얻을 것이 더 많으므로 6자회담을 계속하고 싶다"는 입장과 동시에 미국이 호응해주지 않으면 부득불 초강경 조치를 취할 것이라는 담화를 발표해 핵실험 가능성을 시사하는 등 강·온 양면적 태도를 보였으나 북한의 이 발언은 대화를 위한 제스처에 가깝다.

미국으로서도 북한이 핵실험이라는 강경한 조치를 취하는 것을 원치 않기 때문에 사태를 수습하는 쪽을 선호할 것이다. 북한과 미국 양국이 마지막 카드까지 다 꺼낸 상황에서 문제가 해결되지 않아 파국으로 치닫는 것은 원하지 않을 것이다.

중국의 압력이 북한의 태도에 중요한 영향을 미칠 것이다. 중국이

7월 15일 유엔 안전보장이사회 결의에 참여한 것은 북한의 핵실험 시도를 막기 위한 예방조치로 볼 수 있다. 북한이 추가적인 위기고조 행위를 할 경우, 중국은 대북 식량·원유 지원과 관련한 제재를 할 것이다. 북한 시장의 생필품 90퍼센트 이상이 중국산인 것을 감안하면 중국의 경제적 영향력이 얼마나 큰지를 알 수 있다.

북한이 핵실험을 강행한다면 중국은 더 이상 북한에 협력하지 않겠다는 추이톈카이(崔天凱) 중국 외교부 부장 조리(차관보)의 말을 ≪아사히신문≫은 8월 23일 베이징 발로 보도하였다. 추이 부장 조리는 북한에 대한 미국의 금융제재 조치와 관련하여 북한이 룰을 위반했다고 지적하였다. 중국 고위관리가 북한의 국제 금융거래에 문제가 있다고 지적한 것은 이례적인 일이다. 북한에 대한 중국의 달라진 태도를 엿볼 수 있다.

핵 문제가 해결되지는 않더라도 파국을 피하고 현상유지 쪽으로 태도를 바꾼다면 북한은 현 체제를 상당 기간 유지할 것이다.

(2) 북한의 6자회담 참여를 거부하고 핵실험을 강행할 경우

북한과 미국 사이에 핵 문제 해법의 돌파구가 마련되지 않으면 북한의 미래는 불확실해진다. 미국은 북한 핵 문제 해결을 위해 6자회담 추진해왔으나 실효가 없었다고 판단하여 2005년 9월 9·19공동선언 무렵부터 금융제재라는 새로운 수단으로 이행했다. 미국은 이제 북한이 항복하지 않을 수 없는 아킬레스건을 잡았다고 판단하여 북한에 대한 제재를 더욱 확대하고 있으며 최근에 감행한 핵실험을 계기로 북한을 제재할 국제적 명분을 더욱 축적했다. 미국은 북한 자금은 합법적인 것과 비합법적인 것이 구분이 안 된다고 하면서 북한의 모든 금융거래를 동결할

움직임을 보이고 있다. 북한이 10월 9일 감행한 핵실험을 계기로 유엔 안보리는 대북제재를 만장일치로 결의했고 이에 따라 10월 23일에는 유엔 대북제재위원회가 출범했다.

이런 상황에서 북한이 적극적으로 대화 국면으로 돌아오지 않고 제2차 핵실험을 강행한다면 미국이 대북제재를 강화할 가능성이 높다. 북한이 상황을 반전시키기 위해 물러서지 않고 재차 핵실험을 강행한다면 북한의 미래는 매우 불확실해진다. 핵실험을 하여 핵보유국이라고 주장한다고 하더라도 북한은 그에 걸맞은 대접을 받으면서 상황이 종료되는 것이 아니라 새로운 대결이 시작된다. 한국이 가장 강력하게 반발할 수밖에 없고, 미국은 물론이고 중국도 이를 허용하기 어려우며, 일본은 내심은 어떨지 모르지만 겉으로는 요란스러운 반응을 보인다. 핵실험 이후 북핵 문제는 이제 북핵 폐기 문제로 전환되었다. 이전에는 북 핵개발 저지 문제였다면 이제는 북핵 폐기를 위한 길고 긴 협상이 전개될 것이다. 그 협상이 타결될 때까지 북한이 과연 견뎌낼 수 있을 지가 의문이다.

북한이 재차 핵실험을 하지 않더라도 현재의 근근이 버텨내기(muddling through) 상황을 장기화할 경우도 북한에게는 위험하다. 중국과 미국이 합의하여 새로운 정권 수립을 위해 김정일 실각을 시도할 수도 있기 때문이다. 지금까지 중국, 미국 등의 한반도 현상유지전략이 북한체제 유지에는 매우 중요한 요인으로 작용하고 있었다. 그러나 북한 핵 문제, 미사일 문제로 말미암아 미국과 중국은 김정일 없는 북한을 하나의 대안으로 생각할 수도 있다.

중국은 한반도에서 다음 두 가지 상황을 우려한다. 중국은 한반도에 전쟁이 발생한다면 불가피하게 미국과 대결하게 될 것을 가장 우려한다. 둘째는 경제난으로 말미암아 내부 붕괴가 일어나서 남한 주도로 통일되는 것을 우려한다. 이를 사전에 막기 위해 중국은 군사모험적이고 생존능력이 없는 김정일 정권을 대신하여, 개혁·개방을 추진하여 북한체제를 안정적으로 유지할 새로운 리더십의 등장을 환영할 수 있을 것이다. 김정일 정권에 가장 위협적인 상황은 미국의 동의하에 중국이 주도하여 북한정권 교체를 추진하는 경우이다. 미국은 핵 문제 해결, 남북 분단의 현상유지를 위해 친중정권의 등장을 묵인할 경우이다.

최근의 추세로 볼 때 중국은 김정일 리더십에 대해 불만을 가지고 있다. BDA 금융제재에 호응하고 있으며, 유엔 안보리 대북결의안 채택에 동참했다.

김정일이 중국의 신뢰를 잃게 되면 대내적으로 권력 기반이 급격히 취약해질 수 있다. 김정일이 중국으로부터의 신뢰를 상실하면 북한 권력기관과 군부 내 집단의 권력 투쟁을 촉발시킬 수 있기 때문이다. 그런 맥락에서 김정일의 실각은 경제 문제와 사회적 소요에 대한 해결방안을 둘러싼 권력 엘리트들 간의 갈등에서 비롯될 것이다. 김정일 정권의 실각은 밑으로부터의 조직적인 저항보다는 위로부터의 쿠데타 형식으로 이루어질 가능성이 높다. 군부 쿠데타는 조직적이고 계획에 의한 것이라기보다는 영웅 심리를 가진 개인이 난세를 구하는 혁명적 충동에 의해 주도될 가능성도 있다.

3) 급변사태 전개 과정 전망

김정일의 실각이 곧바로 남북통일로 연결될 가능성은 낮다. 북한 군부와 간부들의 기득권 유지를 위한 체제 고수 의지와 남한에 대한 불신감 때문이다. 주변국의 개입도 큰 영향을 미칠 것으로 보인다. 미국은 한반도에 대한 영향력 유지가 최우선이며, 중국은 한반도의 전쟁 방지, 안정화,

친중정권의 수립에 주력할 가능성이 높다. 한국은 이 사태를 통일을 위한 기회로 활용하려 관심을 쏟을 것이며, 북한은 체제 유지에 주력할 것이다. 미국은 핵 문제 관련 정책으로 북한에 대한 압박을 가하고 있지만 북한에 급변사태가 발생하면 북한체제 관리정책으로 선회할 가능성이 높다. 한반도에서 전쟁을 방지하고 안정을 유지하기 위해 북한에 대한 위기관리 정책으로 선회할 것이다.

그래서 북한에 급변사태가 나면 중국과 미국은 한반도 안정화라는 명분하에 북한에서 제3의 세력이 권력을 장악하여 체제 안정화를 추진하는 방향을 선호할 가능성이 높다. 남한에 흡수통일될 경우에는 300만 명에 가까운 기득권층이 이익을 박탈당하게 되기 때문에, 단독 체제를 유지할 가능성이 높다.

현재 상황에서 북한의 급변사태는 김정일 정권의 붕괴와 그 뒤를 이을 새로운 정권의 등장을 의미할 가능성이 매우 높다. 그런 점에서 북한 군부 세력이 상황을 장악하여 북한체제의 위기관리에 치중하게 될 것이다. 그런 점에서 북한에서 급변사태가 나더라도 큰 국제적 혼란 없이 북한 내의 새로운 정권의 탄생으로 귀결될 가능성이 높다.

새로운 정권이 경제난 수습을 위한 정책대안을 제시하여 주민들을 통합하고 동원하여 일정 기간 정권과 체제를 유지할 가능성이 높다. 김정일이 실각하고 과거를 부정하는 새로운 세력이 등장하면 개혁·개방을 촉진할 가능성이 높다. 김정일 실각 이후 새로운 정권이 비로소 중국의 덩샤오핑이나 소련의 고르바초프와 같은 역할을 하면서 자본주의세계 체제로 재편입하는 길을 선택하게 될 것이다. 개혁·개방을 지향하는 새 정권은 남북 관계 발전에 긍정적인 영향을 미칠 가능성이 높다.

4. 급변사태 시 사회·문화 부문 대응책

1) 난민대책

북한에 급변사태가 발생하여 체제의 통제력이 약화되면 탈북자가 쏟아져 나올 가능성이 매우 높아진다. 지금도 북한과 중국의 통제에도 불구하고 식량을 구하기 위해, 돈을 벌기 위해 두만강과 압록강을 건너서 중국으로 탈북하고 있는 상황이기 때문이다.

북한 주민의 탈북은 대체로 세 가지 경로로 이루어질 것으로 보인다. 첫째, 압록강과 두만강을 건너 중국으로 가는 경우가 가장 많을 것이며, 둘째는 동해를 건너 일본으로 가는 경우도 있을 것이다. 이들은 주로 북송 교포와 그 가족·친척일 것이며, 셋째는 서해와 동해를 통해 또는 휴전선을 넘어서 남한으로 오는 경우이다. 이 중에서 중국으로 가는 행렬이 주를 이룰 것이며 남한으로 이주하는 경우는 많지 않을 것이다. 여전한 남북 간의 불신과 남한에 대한 정확한 정보 부족으로 불안감을 가지고 있기 때문일 것이다.

탈북자 규모를 판단하기는 매우 어렵다. 과거 동독 붕괴 당시와는 전혀 다를 수 있다. 우리 민족은 고향을 떠나가는 것을 좋아하지 않으며 가족을 두고 혼자 떠나는 경우도 많지 않아 가족 모두가 움직이는 것은 어렵기 때문이다. 또 북한체제가 붕괴되더라도 조속한 시일 내에 새로운 정권에 의해 질서가 유지될 것이기 때문에 난민의 수는 그리 많지 않을 것으로 보인다. 한국으로 오는 난민의 수를 전체 인구의 1퍼센트로 잡으면 대체로 20여 만 명 정도의 수준이 될 것으로 보인다. 1990년대 말 중국에 나가 있던 탈북자 수와 비슷한 규모이다.

북한의 체제가 붕괴되고 통일이 되기 전까지는 한국으로 들어오는 난민들에 대해 입국을 저지할 수는 없을 것이다. 인도주의적 입장에서 이들은 난민이기 때문에 저지하기보다는 수용해야 한다. 가장 중요한 결정은 철책선을 개방할 것이냐 말 것이냐의 문제이다. 급변사태 초기에 철책선을 개방하면 북한의 급변사태를 확산시키고 촉진하는 효과가 있지만, 북한 주민들이 몰려온다면 남북 간에 군사적 충돌이 발생할 수 있기 때문에 매우 위험할 수 있다. 또 대량난민 유입 사태로 이어진다면 남한 사회의 혼란이 극심해질 수 있으므로 철책선을 개방하는 일은 피해야 한다.

그런데 북한정권이 붕괴하고 체제 유지가 불확정 단계로 진행되면 북한 주민의 대량 남하가 예상된다. 이 경우 북한 주민의 대량 남하는 인도주의적 차원보다는 남북한 사회통합 차원에서 고려되어야 할 것이다. 무엇보다도 북한 주민의 대량 남하는 남한에서 관리할 수 없을 뿐만 아니라 남하하는 북한 주민에게도 도움이 되지 않는다. 따라서 북한체제 붕괴와 통일이 임박한 시점에는 북한 주민의 남하를 억제해야 한다.

북한 주민의 대량 남한이주는 다음과 같은 세 가지 정책을 통해 억제할 수 있을 것이다. 첫째는 기존의 철책을 유지하고 물리적으로 차단한다. 남북한 철책선 내부는 지뢰지대이기 때문에 군부대에서 통로를 개설하기 전까지는 남하가 불가능한 상태이다.

둘째는 북한 주민들이 현재의 거주지를 이탈하면 통일이 될 경우에 손해를 본다는 취지의 정책선언을 할 필요가 있다. 북한 주민들이 거주해 온 가옥과 토지에서 일정 기간 머물게 한 뒤에 실제 거주자와 경작자에게 무상으로 불하한다는 원칙을 발표함으로써 이 목적을 달성할 수 있을 것이다.

우리 사회 일각에서는 6·25전쟁 때 월남한 사람들이 두고 온 재산은 통일 후 원소유주에게 되돌려 주어야 한다는 의견이 있으나 이것은 독일의 경우를 볼 때 엄청난 부작용을 야기한다. 따라서 북한의 가옥과 토지는 실제 거주자와 경작자에게 불하해야 할 것이다.

북한의 가옥과 토지의 민간 무상 불하는 북한 주민을 통일한국에 통합시키기 위한 매우 중요한 정책이다. 김일성이 1946년에 행한 토지개혁을 통해 사회주의체제 건설의 기반을 삼았듯이 북한 지역의 가옥과 토지를 실거주자와 실경작자에게 불하하는 정책은 난민 문제 해결뿐 아니라 체제통합을 위해 효과적으로 활용되어야 할 정책이다.

2) 북한 사회 대책

급변사태가 발생한다면 북한 주민들은 크게 두 가지 입장을 보일 것으로 생각된다. 북한 간부들은 급변사태가 수습되지 않아 체제가 붕괴되면 남한의 지배를 받게 되고 정치적 처벌을 받을 수 있다는 우려를 하는 경향이 많을 것이고, 일반 주민들의 경우는 오랜 경제난과 체제불안으로 지친 상황에 발생한 사태이기 때문에 고난의 시대가 끝나고 새로운 시대가 도래하기를 기대하는 사람이 많을 것이다. 서로 상반된 입장을 가진 북한 간부와 주민들을 모두 아우르는 대응책이 필요하다.

북한에 급변사태가 나더라도 북한이 붕괴할 것으로 단정하기보다는 장기적 시각에서 북한 사회의 변화를 유도하는 데 초점을 맞추는 정책을 마련해야 한다. 북한에서 일어나고 있는 사회변화를 촉진시켜 북한의 지도부가 거역할 수 없을 정도로 밑으로부터의 변화의 원동력을 성장시키는 방향으로 대북정책을 추진하는 것이 좀 더 현실에 부합된 정책으로 보인다.

(1) TV 방송을 통한 북한 사회 접근

북한에 급변사태가 나더라도 우리의 행정력이 미치지 못할 가능성이 높다. 북한의 급변사태는 공권력의 전면적 붕괴보다는 정권 교체의 형태로 전개될 가능성이 높기 때문이다. 우리의 행정력이 미치지는 못하더라도 TV나 언론의 접근은 가능할 것이다. TV 방송이 가장 효과적인 정책 수단이 될 것이다.

(2) 북한에 대한 대안으로 남한 인식시키기

북한의 공권력이 취약한 상황에서 사회·문화적 측면에서 가장 중요한 대비책은 북한 간부와 주민들에게 북한의 대안으로 남한이 있다는 사실을 주지시키는 것이다. 남한은 자유민주주의 국가이고 세계 10대 경제대국이며, 통일이 되면 북한 주민들의 생활이 향상된다는 사실을 인식하게 하는 것이다. 북한에 체제불안정 또는 급변사태가 일어날 경우 가장 필요한 것은 북한 간부와 주민들에게 통일에 대한 비전을 제시하는 것이다. 북한의 간부와 일반 주민들은 모두 미래에 대한 불안감을 가지고 있기 때문이다.

(3) 북한 간부 회유

북한의 간부들이 가장 관심을 두는 것은 장차 통일이 되면 정치적으로 처벌받지 않을까 하는 우려인데, 이 때문에 통일을 기피할 가능성이 가장 높다. 대북 방송, 대북 선전물 등 가능한 모든 수단을 동원해 북한 간부와 주민들에게 통일이 되더라도 북한 주민이 남한 정부에 의해 처벌받지 않는다는 우리 정부의 메시지를 전달할 방안을 마련해둘 필요가 있다.

(4) 남한 사회 홍보

북한 급변사태가 발생하면 무엇보다도 한민족의 정체성과 남북통일의 필연성을 강조할 필요가 있다. 한국 주도의 통일을 기정사실화하기 위해 남한의 경제 성장과 민주주의적 생활의 실상을 자세히 소개하고, 통일 이후 동독 지역의 경제 성장과 재건에 관한 실태도 소개해야 할 것이다. 남북통일이 되면, 북한 주민들의 생활에 어떠한 이익이 오는지를 자세히 설명해야 할 것이다. 통일이 되면 북한 주민들은 경제적 복지와 정치상의 자유를 누릴 수 있으며 통일 이전의 북한에서의 행위에 대해 정치적인 처벌을 받지 않는다는 사실을 주지시킬 필요가 있다.

(5) 탈북자의 남한사회 정착상 홍보

탈북자들에 대한 우리 사회의 지원과 보호정책을 상세히 소개하는 것만으로도 북한 주민이 남한체제와의 통일에 대해 우려할 필요가 없다는 사실을 깨닫게 해 줄 것이다. 남북통일이 되면 북한 주민들은 통일한국에서 보호와 지원을 받으면서 적응할 수 있다는 사실을 인지시키는 효과가 있을 것이다.

(6) 북한의 새 정권 자극 억제

북한에서 제3의 세력이 권력을 장악하여 정권 교체가 이루어질 경우에는 남한의 대북 방송침투는 북한 당국이 민감하게 반응할 가능성이 높기 때문에 자극적인 대북 방송은 자제해야 할 것이다. 그러나 북한 주민의 의식변화를 지속시키기 위해 권력 엘리트를 회유하며 북한 주민에 대한 심리전을 지속해야 한다.

(7) 대북 인도적 지원 확대

북한에 급변사태가 일어나면 가장 우선적으로 해야 할 일은 식량과 의약품 등 인도적 차원의 지원을 확대하는 것이다. 이 경우는 육로를 이용하는 것이어야 한다.

첫째 이유는 즉각적인 지원이 가능하기 때문이다. 육로를 따라서 식량 지원을 하게 되면 해로로 가는 것보다는 훨씬 빠른 시간 내에 전달이 가능하다.

둘째는 급변사태에 처한 북한에, 남한의 식량지원 차량의 행렬은 북한체제의 대안으로 남한이 있다는 사실을 가장 극명하게 보여주는 수단이 될 수 있다.

3) 남한사회 대책

북한에 급변사태가 나면 우리 국민은 이를 통일이 임박했다는 징후로 여길 것이며 통일이 야기할 여러 가지 문제에 대해 관심을 집중할 것이다. 무엇보다도 탈북자가 쏟아져 들어와 우리 사회를 혼란에 빠뜨리지 않을까 하는 우려가 확산될 것이며, 과연 우리가 통일을 할 필요가 있느냐 하는 근본적인 문제 제기부터 통일비용 부담 문제, 통일한국의 체제모형 등을 둘러싸고 국론이 나뉠 수도 있다. 나아가 통일 과정을 관리할 전략의 문제, 통일의 주체를 둘러싼 논란 등 수없이 많은 문제가 사회적 과제로 제기될 수 있다. 이러한 문제에 대한 상황인식을 공유하면서 대처방안에 대한 사회적 합의를 이끌어내야 한다.

무엇보다도 먼저 이러한 사회적 혼란을 예견하여 급변사태가 발생할 경우 수반될 정확한 상황 전개의 특징을 국민에게 설명하여 불안감을 해소하고, 통일을 대비하기 위해 정부와 국민이 해야 할 일이 무엇인지를 설명하여 통일 과정에 참여하도록 유도해야 한다.

(1) 상황 설명

첫째는 북한의 급변사태가 곧바로 통일로 이어지지 않는다는 점을 설명해야 한다. 북한에 급변사태가 난다고 해도 북한에도 최고지도부 외의 공권력이 있고, 기득집단과 기득권이 있기 때문에 곧바로 통일로 이어질 가능성은 낮다. 북한에 급변사태가 나더라도 우리 정부의 접근이 가능한 그런 상황이 아니라, 북한 내부에서 불안정이 전개되는 상황이 지속될 가능성이 높다.

둘째는 대량 탈북자의 유입에 대한 정부의 대책을 국민에게 설명하고 국민의 협력이 필요하다는 사실을 알릴 필요가 있다. 탈북자가 우리 사회에 유입되면 거리로 방출되는 것이 아니라 일정한 장소와 건물에 수용되어 일정 시점까지 정부 차원에서 보호하다가 북한 지역으로 돌려보내는 방안을 분명히 설명해야 한다. 특히 독일의 사례를 정확히 국민들에게 전달하여 난민 처리의 체계적 조직과 과정을 설명할 필요가 있으며, 탈북자 유입 자체가 통일의 과정이며 북한 지역이 안정되면 탈북자들은 그들의 집과 직장으로 되돌아갈 사람들이라는 사실을 설명하는 것이 좋다. 정부의 정책은 북한 현지를 이탈한 사람들에게는 주택이나 토지, 공장의 소유권, 기득권을 인정하지 않기 때문에 상황을 제대로 알지 못한 채 남한으로 온 사람들은 정부 정책에 대한 설명을 듣고 북한으로 되돌아 갈 것이라는 사실을 주지시킬 필요가 있다. 특히 탈북자들이 대량 유입되어 정부에서 마련한 수용소에 수용될 경우, 민간 자원봉사자의 도움이 절대적이라는 사실을 홍보하여 남북 주민이 직접 접촉하면서 탈북자들을 지원하고 보호하는 문제를 설명해야 한다.

셋째는 북한의 급변사태가 통일로 이어진다고 하더라도 혼란과 후유증만 생기는 것이 아니라 우리 경제에 도약의 돌파구가 생겨서 더 큰 경제적 이익을 얻을 수 있다는 사실도 주지시킬 필요가 있다. 단기적으로 혼란이 있었지만 독일이 유럽연합(EU)의 중심국이 되어 국력이 신장되었듯이 우리도 통일이 되면 국력이 신장되어 경제가 더 발전할 수도 있으며, 우리 국가의 경쟁력, 경제발전, 동북아에서의 발언권 강화 등 이득을 얻을 수 있다. 통일비용이 많이 든다든지, 사회통합에 후유증이 크다는 등의 보도는 독일이 주변국의 질시를 우려하여 엄살을 부린 측면도 있다.

우리도 남북이 통일되면 일본, 중국, 러시아 사이에서 동북아경제권의 전략적 요충지로 부상할 수 있다. 휴전선으로 막힌 북한이 뚫리게 되면 중국, 러시아, 유럽을 관통하는 실크로드가 열리게 되고 우리 경제는 몇 단계 업그레이드 될 것이다. 이처럼 통일에 대한 국민적 비전을 가지도록 정치 교육을 실시해야 한다.

넷째로 통일비용과 같은 중요한 문제에 대해서도 인식을 공유할 필요가 있다. 통일 후 북한 경제를 복구하는 일체의 비용을 남한의 재정만으로 부담하는 것이 아니다. 북한체제 자체를 시장경제체제로 전환하면 북한 자체의 경제적 동력으로 북한 경제를 복구할 수 있다. 중국이 개혁·개방된 지 수년 만에 식량이 남아돌게 되었다는 사실을 인식해야 한다. 국유화된 토지가 사유화된다면 생산성이 폭발적으로 증가한다는 사실을 인식할 필요가 있다. 통일비용 개념의 허구적 측면을 직시해야 하는 것이다.

(2) 사회적 합의

북한의 급변사태에 대한 상황 설명을 근거로 정책결정이 필요한 주요

사안에 대해 사회적 합의를 도출할 필요가 있다. 체제통합의 방향, 북한 지역 재건의 방향, 통일비용 조달 문제 등은 사회적 합의가 필요한 사안이다. 그 밖에 북한에 급변사태가 일어남으로써 촉진되는 통일 과정에서 불거질 제반 문제에 대해서는 정부와 시민사회 차원에서 논의하여 합의를 도출해내야 한다.

사회적 합의 과정을 효율적으로 관리하기 위해 정부 안에 대한 공청회를 열어 국민여론을 수렴하는 방법을 취하는 것이 바람직하다.

5. 새 정권 출범 이후 대비책의 기본 방향

북한에서 김정일 정권이 퇴진하고 새로운 정권으로 교체된다는 것은, 북한의 장래가 매우 불확실한 상황으로 전개된다는 의미이다. 단기간에 정권 교체를 야기할 직접적 원인인 식량난을 해결하기 어려우며, 새로운 정권이 단기간 내에 정국을 안정시키기 어렵기 때문이다. 그러나 북한의 김정일 정권의 퇴진이 바로 남북통일로 이어지는 것은 아니라는 점을 전제로 접근해야 할 것이다.

이러한 상황에서 한국은 두 가지 모순적인 방향의 정책을 추진해야 한다. 북한의 새 정권에 매우 우호적으로 접근하면서, 한편으로는 북한을 대상으로 통일을 준비해야 한다.

그러나 무엇보다도 중요한 것은 새로 등장하는 북한정권을 남북한 간의 통일을 실질적으로 협의할 수 있는 실무 정권으로 규정하여 대처해야 한다는 점이다. 따라서 이제부터의 대북정책은 남북한 통합을 위한 사전 포석이어야 한다. 1992년 남북 간에 합의한 기본합의서를 본격적으로 이행하는 방향으로 남북 관계를 유도해야 할 것이다.

북한에서 정권 교체 이후 대북정책의 가장 중요한 정책적 목표는 남북 간의 적대감을 해소하는 일이다. 동시에 남북 간의 신뢰감을 회복하는 작업이다. 이것이 이루어지지 않으면 새로운 정권과도 적대적인 관계로 퇴행할 수밖에 없을 것이다. 북한의 새로운 정권과는 적대관계를 형성해서는 안 된다.

북한의 새로운 정권과의 적대관계를 해소하기 위해 먼저 경제적으로 어려운 북한에 최대한의 식량 원조를 해야 한다. 동시에 북한의 권력 담당자와 주민들과의 화해, 협력과 교류를 본격 추진해야 할 것이다. 이로써 북한 주민들과 한민족으로서의 정체성을 회복해야 하며, 통일의 당위성을 설득해 나가야 할 것이다.

김정일 정권 실각 이후 새 정권이 존재하는 기간을 남북한의 내적 통합을 위한 준비 기간으로 간주해야 할 것이다. 즉 민족공동체통일방안의 화해협력 단계와 과도기적 연합단계가 병행하는 기간으로 간주해야 한다.

대외관계에서도 북한의 적대감을 살 수 있는 정책은 삼가야 한다. 중국이나 주변 국가들이 북한에 무력 개입하는 것을 저지하고 새 정권이 안정되도록 지원해야 할 것이다. 새로운 정권이 주민들을 통합하고 안정시키는 방안으로 북한의 과거 정권에 대한 격하운동을 전개해야 할 것이다. 그것이 남북 관계를 정상화하는 데 도움이 될 것이다.

무엇보다 중요한 것은 이 과정에서 통일외교가 결정적인 역할을 할 것이라는 점이다. 우선 민족재통합의 원칙과 정책을 발표하여 통일의 당위성을 선언해야 한다.

그런 다음, 주변 4국에 통일된 한국이 한반도의 안정과 동북아의 안정에 기여한다는 사실을 설득할 필요가 있다. 주변 4국이 추구하는 한반도 분단의 현상유지는 북한체제가 불안정하기 때문에 비현실적이며, 한반도의 통일 없이는 한반도와 동북아의 안정도 없다는 사실을 설득해야 할 것이다. 또 남북통일 이후 북한 지역 경제가 현대화되면 한반도뿐만 아니라 동북아와 아·태 지역의 번영에도 긍정적 영향을 미친다는 점을 주변 국가에 납득시켜야 한다.

특히 지금까지 북한의 폐쇄주의 때문에 단절되어온 인프라와 교역을 연결함으로써 중국, 러시아, 통일한국 간의 시장통합을 실현하고, 동북아 지역블록화를 촉진하는 효과가 있다는 점을 설득해야 한다.

6. 남북통합을 위한 장기적 차원의 사회·문화 부문 대책

북한에서 급변사태가 일어난다면 통일 과정이 실질적으로 시작되는 것으로 간주할 수 있다. 그래서 현재보다는 적극적으로 남북통합을 위한 대비책을 추진해야 한다. 정치 교육을 통해서 북한 주민들이 북한체제에 대한 미련을 버리고, 과거 역사를 수월하게 청산하도록 도움으로써 통일을 역사적 필연으로 인식하게 한다.

1) 남한과 북한의 정통성 문제

북한 주민들은 김일성이 항일무장투쟁을 통해 일제 치하에서 조선을 해방시켰으며 북한정권이 조선왕조의 전통을 계승하고 있다고 믿고 있다. 이에 반해 남한은 미국에 의해 수립된 괴뢰정권이라고 믿고 있다.

그러나 김일성이 항일무장투쟁을 한 것은 사실이지만 조선이 해방된 것은 연합군이 승리함에 따라 일본군이 무조건 항복하여 퇴각함으로써 이루어진 것이다. 김일성은 1940년 10월에 일본군의 추격을 피해 소련으로 들어가 소련군에 편입되어 정찰훈련을 받았다. 1945년 9월 입국하기 전에 비밀리에 모스크바로 호출되어 스탈린을 면담하고 북한의 최고지도자로 임명되었다. 남한의 이승만보다 북한의 김일성이 외세와 더 유착했다는 사실을 인식시킴으로써 김일성 신화가 잘못된 것임을 일깨워야 한다.

이러한 잘못된 역사적 사실을 하나씩 바로잡음으로써 통일한국의 정통성을 북한 주민들에게 인식시켜 나가야 한다.

2) 6·25전쟁의 북한도발에 대한 인식

남북 간 적대감의 근원은 6·25전쟁의 도발과 관련이 있다. 북한 주민의 대부분은 남한이 미국의 지원을 받아서 북침한 것으로 이해하고 있는데, 실제로는 김일성이 소련과 중국의 지원을 받아 도발했다는 사실을 북한 주민들에게 인식시켜야 한다. 6·25전쟁에 관한 진상을 북한 주민들이 제대로 이해하면 남북분단 이후 상호 적대감의 실체와 김일성에 대한 인식도 새롭게 정립할 수 있을 것이다. 소련에서 공개된 문서 등 역사적 사실을 다큐멘터리로 제작하여 방영할 필요가 있다.

3) 주체사상의 본질에 대한 재인식

주체사상의 본질을 정확히 이해하기 위해서는 주체사상이 어떠한 객관적 조건 속에서 어떠한 목적으로 형성되었는지를 교육함으로써 북한 주민들이 북한에서 배운 철학적 원리와는 다른 정치적 의도가 주체사상의 본질이라는 것을 인식시켜야 한다. 주체사상 형성에 직접 영향을 미친 대외적 조건으로서 스탈린 사후 소련과 동유럽에서 수정주의 비판과 개인숭배 비판의 바람이 북한에 유입되는 것을 막기 위해 폐쇄주의의 명분으로 주체사상을 만든 점, 그리고 대내적으로는 김일성의 정적인 소련파와 연안파들을 숙청하기 위한 명분으로 주체 확립의 명분을 만들어낸 점 등이 주체사상의 본질이라는 것을 북한 주민들에게 인식시켜야 한다.

4) 사회주의체제의 붕괴 원인에 대한 이해를 제고

북한체제에 급변사태가 생길 경우, 무엇보다도 북한을 포함한 사회주의체제가 붕괴될 수밖에 없었던 원인을 북한 주민들에게 정확히 설명할 필요가 있다. 사회주의 경제의 실패는 무엇보다도 사회주의의 본질적 모순에 기인한다는 사실을 인식시킴으로써 북한체제의 붕괴는 소련과 동유럽 사회주의체제의 붕괴와 더불어 역사적 필연임을 인식시켜야 한다.

5) 자본주의체제의 본질에 대한 인식

북한 주민들은 자본주의에 대해 왜곡된 이해를 하고 있으므로 이에 대한 교정이 필요하다. 북한 주민들은 자본주의를 계급착취 제도로 인식하고 있으나, 현실적인 대안으로 자본주의가 좀 더 합리적이라는 사실과 자본주의체제 내에서 자본가와 노동자가 어떻게 계급적인 타협을 이루고 있는지를 설명해줄 필요가 있다. 다시 말해서 사회주의가 붕괴한 대신에 자본주의가 세계를 지배하고 체제 내적인 갈등을 극복하여 경제 성장을 지속하고 있는 배경에 대해 설명할 필요가 있다.

6) 개인적인 차원의 가치 재정립 교육: 시민교육

북한 주민들에게 왜 사회주의가 붕괴할 수밖에 없었는지, 자본주의 사회는 왜 체제발전을 계속하고 있는지를 설명한 뒤, 자본주의체제에 적응하기 위해 어떠한 가치를 학습해야 하는지를 이해시켜야 한다.

교육의 내용은 우리 사회에서 지금까지 지속해온 자유민주주의체제하의 시민교육이 그대로 적용될 수 있을 것이다.

첫째는 집단주의하에서 상부의 명령에 따라 소극적으로 복종하는 체제와는 달리 자본주의에서는 자기 결정과 자기의 노력 여하에 따라 결과를 얻는다는 체제의 특성을 설명해야 할 것이다.

둘째는 자유주의의 개념, 개인주의의 개념에 대한 설명뿐 아니라 이기주의가 배척되는 이유를 설명하여 자기 책임과 사회적 책임을 동시에 준수할 수 있는 윤리를 교육시켜야 할 것이다. 개인주의가 어느 정도의 이기주의적 요소는 허용하지만 개인의 이익 추구가 사회 이익에 해악이 되면 안 된다는 측면에서 개인주의와 이기주의는 다르며 이기주의는 허용되지 않는다는 점을 인식시켜야 할 것이다.

셋째는 사회주의와 집단주의하에서는 명령과 복종의 원리가 지배적이었기 때문에 대화와 협상·타협의 원리와 기술을 가르쳐야 한다. 이러한 윤리는 우리 사회에도 매우 부족하지만 사회주의체제에서 살던 사람들에게는 더욱 부족할 것이다. 사회주의체제하에서는 지배 권력의 이익에 따라서 결정이 이루어지지만, 자본주의 사회에서는 다양한 이익집단의 이익의 갈등을 경험하기 때문에 서로 양보하지 않고서는 해결하기 힘들다는 구조적 특성을 이해하도록 도와야 한다. 그런 가정하에서 상대방의 입장을 이해하고 의견을 존중하는 정신이 대화와 타협 정신이며 이것이 바로 민주주의의 본질이라는 것을 인식시켜야 한다.

질의응답

Q

박현선
고려대학교 북한학과 교수

서재진 박사님의 발표 잘 들었습니다. 정치·외교나 군사·경제 분야에 비해 사회·문화 분야에서의 북한 급변사태 연구는 선행 연구가 거의 없는 상황입니다. 서 박사님께서 매우 어려운 연구를 해주시고 그에 대한 체계적인 대응책을 잘 제시해주셨습니다. 전반적으로 서 박사님 의견에 동의하면서 몇 가지 보완책을 말씀드리도록 하겠습니다.

논의는 두 가지 측면에서 하겠습니다. 하나는 정치·외교, 군사, 경제적 대응책과 사회·문화적 대응책의 차이점에 대해 말씀드리겠습니다. 다른 하나는 서 박사님이 말씀하신 것 외에 더 생각해볼 구체적인 대응책에 대해 보완하여 말씀드리겠습니다.

먼저 사회·문화적인 대응책이 정치·군사·경제적인 대응책과 다른 차별성에 대해 말씀드리도록 하겠습니다. 북한 사회의 급변사태에서 정치·외교, 경제 분야는 국가 간, 제도 간, 조직 간 통합을 위한 거시적이고 구조적이며 하드웨어적인 측면에 초점이 맞춰집니다. 반면에 사회·문화적인 대응책은 국가, 제도, 조직 등 재조정 과정에서 소외된 사람들의 인간적인 문제, 심리적인 문제, 사회·문화적인 문제를 다루는 것입니다. 그래서 좀 더 미시적이고 행위적이며 소프트웨어적인 측면이라고 할 수 있습니다. 다시 말해 정치·경제적인 대응책이 유형(有形)의 대응책이라고 한다면 사회·문화적 대응책은 무형(無形)의 대응책이라고 할 수 있습니다. 무형의 대책이지만 북한 주민들의 호응을 유도한다는 차원에서 그 중요성은 결코 뒤떨어지지 않습니다. 따라서 사회·문화 분야는 어렵더라도 좀 더 장기적인 전망 아래 반드시 준비해야 할 대응책이라고 할 수 있습니다.

다음으로 사회·문화적 대응에 관한 보완책을 말씀드리겠습니다. 현재 북한 주민은 2,300만 명에 달합니다. 그 주민들의 80퍼센트에 해당하는 1,700만 명 정도가 북한정권 수립 이후 사회주의체제에서 태어난 사람들입니다. 그리고 나머지 20퍼센트는 한국전쟁 당시 납북되었거나 1950년대 말에 일본에서 북송된 재일교포 등 약 100여 만 명 정도를 제외하고는 모두 일제강점기에 출생하여 사회주의체제에서 살고 있는 사람들입니다. 다시 말해서 자유민주주의 체제에 대한 경험이 전혀 없는 사람들입니다.

결국 북한에 살고 있는 대부분의 주민들은 사회주의를 운명으로 여기고 사회주의만 알고 지금껏 살아온 사람들입니다. 따라서 이들을 자유민주주의 체제로 편입시키는 일은 간단치 않으며 오랜 시간을 요하는 일이 될 것입니다.

그러기에 북한 주민들의 마인드를 이해하고 이들의 민심을 잡는 일이야말로 북한 급변사태를 효율적으로 관리하여 우리의 염원인 평화통일의 초석을 다지는 길이라고 생각합니다. 이를 위해 구체적인 대책을 다섯 가지 정도로 제시하고자 합니다.

먼저 북한 주민들을 사회·심리적으로 안정시키는 대책으로 통합 비전의 제시가 필요합니다. 북한 주민들에게 남북통합이 자신들과 밀접한 이해관계가 있다는 비전을 제시해주어야 합니다. 급변사태로 극심한 정신적인 공황 상태에 처한 북한 주민들은 무정부 상태에 처하면서 계층 간 갈등이 발생할 가능성이 적지 않습니다. 북한의 핵심 계층(약 600만 명), 동요 계층(약 1,000만 명), 적대 계층(약 700만 명) 등은 그동안 고단한 삶 속에 가슴에 맺힌 응어리를 지고 살아왔기 때문에 기존 지도부가 사라진 상황에서 그동안의 피해에 대한 보복이 발생할 수도 있습니다. 주민 간의 갈등과 무력충돌은 내전 양상으로 확산되면서 통합을 어렵게 할 것입니다.

따라서 주민 간 갈등을 진정시킬 보완책이 요구됩니다. 즉 주민들이 급변사태에 동요하지 않으면서 남측 체제에 동화되어야 하는 비전을 제시해줘야 합니다. 구체적으로는 남측 체제에 동화되는 것이 자신들의 안정과 번영, 발전을 위해 필요하며 유일한 길임을 제시해주는 것입니다. 그렇게 하여 북한 사회에서 발생할 수 있는 계층 간 갈등을 우리가 미연에 방지해야 합니다. 다만 급변사태가 발생하더라도 남측에서 북한을 자유롭게 방문하는 것은 용이하지 않기 때문에 무인기구 등을 이용해서 책자와 홍보물을 전달할 수 있을 것입니다. 북한 주민들이 그 홍보물을 보고 새로운 시대의 도래를 인식할 수 있게 해야 합니다.

둘째로 북한 주민들에게 최소한의 물질적 안정과 함께 심리적 안정을 줄 대책도 마련해야 합니다. 심리적 안정을 위해서는 북한이 남한에 흡수된다는 인식보다는 이제 한민족이 같이 살아간다는 동류의식을 갖게 하는 심리적 치유대책이 필요합니다. 특히 북한 주민들을 안정시킬 수 있는 모범상, 즉 통합사회 모델의 제시해야 합니다. 북한체제가 그동안 주민들에게 노동이나 조직에서 귀감이 되는 사례를 제시하는 방법을 많이 사용했기 때문에, 북한 주민들에게 새로운 통합사회 모델을 제시하는 것이 효과적일 수 있습니다.

통합사회 모델의 하나로 북한 난민들이 남측에 와서 잘 적응하는 모습을 보여줘야 합니다. 대량난민이 발생하지 않도록 미연에 방지하고 대부분의 사람들이 북측에서 다시 안정적인 생활을 할 수 있도록 유도하는 한편, 일부 북한 난민들이 남한에 와서 교육을 받는 모습을 모델로 보여줘야 합니다. 주로 시민의식(citizenship)에 대한 교육을 통해서 교육을 받은 북한 난민들이 북한의 위기 상황에서 리더(leader) 역할을 하고, 자유민주주의 체제라든지 통합 이념의 전달자 역할을 할 수 있도록 사전에 준비시키는 작업을 해야 합니다.

셋째로 북한 주민들에게 국제사회의 지원이 필수적이라는 국제관계에 대한 정확한 인식을 심어주는 것도 필요합니다. 북한의 급변사태는 남한 단독으로는 해결이 용이하지 않습니다. 주변 4대국을 위시한 국제사회의 협력과 동의 속에서 급변사태를 관리하고 이를 바탕으로 통일사회로 나갈 수 있습니다.

특히 급변사태에 대처하는 과정에서 북한 주민들에게 미국의 개입은 심각한 혼란을 초래할 것입니다. 북한의 통치 이데올로기 중 하나가 반미주의입니다. 북한정권은 경제가 어려운 것도 미국의 제재와 압박 때문이고, 핵무기를 개발하는 것도 미국의 대북 적대시정책 때문이라고 선전해 왔습니다. 이에 따라 북한 주민들의 반미의식은 의외로 뿌리 깊게 박혀 있습니다. 따라서 북한의 급변사태 시 미국의 개입이나 국제사회의 개입을 주민들에게 이해시킬 수 있는 방안을 우리는 미리 준비해야 합니다. 그래서 북한 주민들이 미국에 대한 무조건적인 적대감이나 중국에 대한 맹목적인 의존이 아니라 국제사회의 공조 속에서 남한과 협력하게 하는 대책이 필요합니다.

넷째로 제가 중요하다고 생각해 꾸준히 제기하는 문제지만 다른 분들은 잘 말씀하지 않는 부분입니다. 북한 급변사태 발생 시 사회·문화적 대책의 대상을 개인 단위가 아니라 가족 단위로 설정해야 한다는 것입니다. 그동안 북한이 1990년대 초 사회주의적 급변 속에서도 그리고 1990년대 중반 경제난 속에서도 붕괴하지 않고 체제를 유지할 수 있었던 힘은 바로 가족에 있다고 생각합니다. 북한은 여타 사회주의 국가와는 달리 가족을 안정시키고 관리하는 정책에 공을 들였습니다. 가족의 중요성을 인식하여 사회혁명화를 다지는 기초 작업으로 가족의 혁명화를 강조해 왔습니다. 가족구성원 중에서도 여성들, 특히 어머니가 가족을 지탱하고 혁명화하는 중심축 역할을 수행해야 한다고 교육시켜 왔습니다. 식량, 주택 등을 분배할 때도 개인이 아닌 가족 단위로 시행했습니다.

이런 여건 속에서 북한 주민들은 위기에 처했을 때 가족 단위로 문제를 해결하려는 노력을 보였습니다. 가족 중에서도 주로 여성, 어머니가 주체가 되어 위기를 극복했습니다. 여성들은 주로 장사를 해서 가족의 생계를 꾸려나갔습니다. 경제난 시기에 그랬듯이 2002년 7·1경제관리개선조치 이후 경제 개혁 과정에서 초인플레이션이 발생하자 모자라는 생활비는 거의 여성들이 충당했습니다.

앞으로 북한에 급변사태가 발생한다면 당연히 가족의 생계를 유지하기 위해 여성들이 나설 것입니다. 따라서 개인 단위로 안정대책을 마련하는 것보다 여성을 위시한 가족 단위로 안정대책을 마련하는 것이 적은 비용으로 큰 효과를 볼 수 있는 효율적인 방안이라고 생각합니다.

끝으로 남한 내부의 여론 컨센서스(consensus)를 마련하는 데 역점을 뒤야 한다고 생각합니다. 급변사태 시에 북한의 처리를 둘러싸고 남한 내부에서 갈등이 유발될 가능성이 적지 않습니다. 1989년 동독에서 급변사태가 발생했을 당시에 서독 정부의 처리방침을 벤치마킹하여 국론이 분열되지 않도록 하는 것도 중요합니다.

정치·경제적인 통합과 관리대책은 눈에 보이고 또 단기간에 이루어질 수 있는 부분이지만, 사회·문화적인 대책은 정치·경제적인 대응책이 마련된 다음 시작되는 좀 더 장기적인 인내심을 요하는 대책이라고 할 수 있습니다. 우리 사회가 이러한 무형의 사회·문화적 대책의 중요성을 깨닫고 북한 급변사태에 대한 논의와 연구를 진행해나가기를 바랍니다.

서재진
통일연구원 선임연구위원

박현선 박사님께서 제 글의 보완해야 할 부분을 잘 설명해 주셨습니다. 앞으로의 연구에 참고하겠습니다.

저는 남북한 사회통합보다 경제적인 문제가 더 중요하다고 생각합니다. 남북이 통일되면 사상도 다르고 제도도 다른 두 체제가 잘 통합되겠느냐는 우려도 있습니다마는 저는 그리 큰 걱정은 없다고 생각합니다. 탈북자 정착 과정을 연구해보니 탈북자 대부분이 남한사회에 적응하기 위한 가장 중요한 변수로 직장 문제를 들었습니다. 직장을 잡지 못했다거나 직장을 그만두었을 때 먹고사는 일을 해결할 수 없는 것이 탈북자에게는 제일 난감한 문제입니다. 그래서 통일이 될 때 북한 사람을 먹여 살릴 수 있다면 그것으로 큰 문제는 해결되는 겁니다. 미국 사회도 보면 수많은 인종, 수많은 나라에서 건너온 사람들이 데모도 하지 않고 별 갈등 없이 미국시민이 됩니다. 언어가 다르고 문화가 다르고 종교가 달라도 모두 그 멜팅 팟(melting pot) 속에 녹아들어 살아갑니다. 미국시민이 된다는 자체만으로도 먹고사는 문제가 해결되기 때문에 그렇습니다. 우리 통일정부에서도 경제 성장이 제일 중요한 문제라는 것을 말씀드리고 싶습니다.

다시 사회문제로 돌아와서 한두 마디 덧붙이자면 박현선 박사님이 말씀하신 대로 반미 감정도 상당히 중요한 문제입니다. 하지만 제가 탈북자들을 만나고 북한을 방문해 본 결과, 반미 감정은 쉽게 해결할 수 있다고 생각하게 되었습니다. 제가 북한에서 만난 식당 아주머니나 판매원 등에게 "북한은 미국을 배척해서 못 살지만 남한은 미국을 활용해서 잘산다"라고 말하면 그 말 한마디에 금방 설득됩니다. 김정일 정권이 반미주의를 활용하고 있지만 급변사태가 발생한 상황에서는 금방 설득되리라 봅니다.

반면에 반미주의보다 더 뿌리 깊은 문제는 김일성에 대한 북한 주민의 인식입니다. 탈북자들이 남한에 와서 백 사람이면 백 사람, 모두 똑같은 얘기를 합니다. 자신은 비록 북한 정부를 버리고 왔어도 자신의 뇌리에서 평생 김일성이라는 사람에 대한 존경심을 버릴 수 없다고 얘기합니다. 밥도 못 먹고 정치적으로 핍박받아서 북한체제를 버리고 온 사람들이 남한에 와서는 김일성에 대한 기억을 평생 지울 수 없다고 합니다. 이런 현상이 너무 신기해서 제가 몇 년 전에 연구보고서를 낸 적도 있습니다. 김일성에 대한 북한 사람들 인식의 핵심은 김일성의 항일무장투쟁 경력입니다. 북한 사람들을 만나 "김일성이 뭐가 그렇게 위대합니까?" 하고 물어봤더니 "평생 만주에서 싸워 조국을 해방시키고 50년 동안 주민들을 어버이처럼 먹여 살렸다"라고 대답했습니다. 북한 주민들은 오랫동안 그렇게 교육받고 살아왔습니다. 그래서 저는 통일을 연구하는 학도로서 북한 주민들한테 나중에 통일이 되면 '그것이 사실이 아니고, 이것이 사실이오'라고 말할 수 있어야겠다고 생각했습니다. 그래서 제 전공하고는 조금 다르지만 김일성이 항일무장투쟁을 한 3년간을 연구하고 있습니다. 북한 주민들에게 사실을 설명할 수 있는 증거를 발굴하고 논리를 만들고 있습니다. 이러한 점이 정치사회화 차원에서 대단히 중요한 것이라고 생각합니다.

그래도 이런 사회·문화적 문제는 사실상 이차적 문제라고 생각합니다. 무엇보다 우선인 첫 번째 문제는 북한 주민들한테 직업을 주고 생계를 유지할 수 있게 하는 경제적인 문제입니다. 그리고 두 번째가 바로 정치적으로 재사회화하는 작업이라고 생각하는데, 이는 시간은 걸리겠지만 충분히 가능하다고 봅니다. 탈북자들이 대한민국에 와서 완전히 정착하는 데 약 5년 정도 시간이 걸립니다. 5년 정도 시간이 지나면 경제적으로도 안정을 찾고 사회적·심리적으로도 적응을 해서 남한 사람이 되는 모습을 볼 수 있습니다. 경제적으로 안정된 통일이 무엇보다 중요하다고 생각합니다.

NDI 평가

　사회·문화 분야에서는 급변사태의 단기적인 수습보다 장기적인 관점에서 남북통합을 염두에 두고 구체적인 방안을 마련해야 한다. 남북 간의 지속적인 사회·문화 교류를 통해서 서로를 이해하고 남북통일에 대한 사회적 합의를 도출해내려는 노력이 필요하다. 사회·문화적 대응이 제대로 준비되지 않는다면 급변사태 이후 남북통합을 저해하는 심각한 계층 간 갈등과 혼란이 야기될 수 있다.

　「북한의 급변사태 시 사회·문화 부문의 대응책」은 급변사태 발생 시 단기적 차원의 난민정책과 남북한 사회 대책, 남북통합을 위한 장기적 차원의 사회·문화 부문 대책을 구분하여 제시한 것이 돋보인다. 필자는 최근 북한 내부 환경과 국제 정세를 진단·분석하여 장기적인 관점에서 북한의 점진적인 변화를 유도해내야 한다고 주장한다.

　이 글에서 제시한 올바른 역사 인식과 민주시민 교육을 통한 남북사회 통합방안 역시 장기적인 관점에서 반드시 필요한 사회·문화 대책이다. 특히 반세기 이상 서로 다른 체제와 문화 속에서 살아온 남과 북이 서로를 이해하고 받아들이는데 다양한 가치를 존중하고 포용할 수 있는 민주시민 교육은 큰 힘이 될 것이다. 동·서독의 경우에도 오랫동안 활발하게 민간교류가 이루어졌음에도 불구하고 통일 이후 서로 간의 심각한 갈등으로 고심했다. 전 국민을 상대로 한 역사, 시민의식 교육의 내용 검증과 효율적인 방법 강구는 앞으로 더 연구해야 할 과제이다.

　한편 북한에서는 현재 공개처형, 정치범 수용소 등 인권이 심각하게 침해되고 있다. 북한에서 급변사태가 발생하거나 이후 남북이 통일된다면 이러한 인권탄압을 어떻게 처벌하고 용서할 것인지에 대한 사회적 합의가 필요하다. 토론 과정에서 부분적인 제안이 있었으나 시간상 충분한 논의를 진행하지는 못했다. 이는 광복 후 우리에게 남겨진 친일파 문제처럼 향후 통일한국 사회의 고질적인 갈등과 문제의 원인이 될 수 있기에 신중한 논의가 요구된다.

종합토론

격심한 동북아 정세 변동과 한반도의 생존전략

제성호·남주홍·안드레이 란코프·홍정표·김성민

제성호
중앙대학교 교수

'북한 급변사태'라는 개념을 정의하기는 매우 어렵습니다. 급변사태 개념을 두고 학자마다 달리 정의하고 있습니다. 그렇지만 대체로 김정일 유고, 북한의 군부 쿠데타, 민중봉기, 내전 또는 이 중 몇 가지가 어우러져 나타나는 무정부 상태, 대량 탈북 등을 북한 급변사태의 주요 양상과 국면으로 이해하고 있는 것으로 보입니다.

그런데 우리가 이 같은 북한의 급변사태 발생 시에 섣불리 접근하거나 개입하려고 한다면 한반도 위기를 증폭시킬 수 있습니다. 앞서 열거한 상황을 북한 급변사태로 이해하고 이를 검토 대상으로 상정한다면, 사실 남한에서는 이미 여러 차례 그러한 급변사태가 일어났었습니다. 예컨대 10·26사태와 박정희 대통령의 실각, 5·16군부 쿠데타나 12·12 쿠데타, 민중봉기로 규정하기에는 다소 논란이 있지만 4·19나 5·17 등도 전국적 또는 국지적으로 일어난 시민들의 저항 혹은 민중봉기(현재는 민주화운동이라는 시각이 지배적)로 볼 수 있습니다. 내전 상황으로 확대되지는 않았지만, 6·25전쟁 직전 해방 정국에서 북한이 좌익세력을 선동해 일으킨 다수의 소규모 갈등과 충돌은 무정부 상태와 유사했다고 볼 수 있습니다.

그런데 만약 북한에 이런 상황이 발생한다면 우리는 과연 무엇을 할 수 있겠습니까? 군사적 개입은 거의 불가능합니다. 북한 급변사태가 발생했을 때 우리가 할 수 있는 것은, 공식적으로는 "북한의 조기 안정을 바란다. 이것은 국내 문제이므로 국내 문제의 불간섭 원칙이 적용돼야 한다. 중국 등 외세가 북한사태에 개입하여 사태를 악화시키거나 복잡하게 만들어서는 안 된다. 우리도 남북한 간의 내부 문제 불간섭 합의 정신에 따라 북한의 내부 상황에 개입할 의도가 없다"는 내용의 외교적 입장만 천명할 수 있을 것입니다. 무엇보다 한반도 문제에 대해 중국 등 외세의 개입을 원치 않는다는 것, 북한 문제나 한반도 문제는 한민족의 자결권에 따라 한민족 스스로가 풀어야 한다는 것을 강조하는 것이 중요하다고 봅니다.

다만 급변사태가 발생했을 때 대북 심리전을 펴거나 자유와 개방의 공기를 북한에 불어넣는 활동은 가능합니다. 또 급변사태의 원인을 조속한 시일 내에 정확히 규명하는 것이 매우 중요한데, 만약 북한에 민중봉기가 일어난다면 그 주도세력이 누군지 파악하고 이 사람들을 조직화해서 민주화 세력으로 성장시키는 활동 정도는 우리가 준비해야 할 것입니다. 그런데 이런 일은 아주 비공식적이고 은밀하게, 낮은 차원에서 조용하게 해야 합니다. 다시 말하면 대북공작 혹은 첩보전 차원에서 비공식적으로 또 비밀리에 진행할 부분이라는 말이죠.

김일성이 1994년 7월 8일에 사망했을 때 우리가 국가안전보장회의를 소집하고 안보위기 상황이라는 등 다소 소란스럽게 대처한 일이 있습니다. 그랬더니 북한이 불난 집(초상)에 부채질한다며 민감한 반응을 보여, 남북 관계가 아주 소원해진 적이 있었습니다. 앞으로 김정일이 사망했을 때 그러한 상황을 다시 재현해서는 안 될 것입니다.

쿠데타도 마찬가지입니다. 쿠데타와 같은 급변사태가 발생했을 때 북한이 스스로 혹은 중국 등 외부의 지원을 받아 조기에 이를 극복하고 통제할 수 있는 상황이라면, 우리가 개입할 수 있는 가능성은 극히 제한될 것입니다. 이 경우에는 우리가 섣불리 나서면 안 됩니다.

결국 우리는 급변사태의 마지막 단계, 즉 1989년 말 동독에서 나타난 것과 유사한 상황에 이를 때 비로소 북한 사태에 대한 개입의 실마리를 찾을 수 있는 것입니다. 예를 들면 민중봉기나 쿠데타, 내전 상황, 대량 탈북이 복합적으로 발생하여 거의 완전한 무정부 상태가 됐을 때에야 비로소 적극 개입 여부를 고민할 수 있지 않을까 생각합니다. 좀 더 사태의 추이를 지켜보는 관망(wait and see) 정책으로 할 것인지 아니면 적극 개입을 할 것인지 결정하는 데 가장 중요한 것은 정확한 정보입니다. 정보의 중요성을 생각할 때 한·미동맹과 정보공유체제가 얼마나 중요한지는 새삼 강조하지 않아도 될 것입니다.

북한 내 총체적인 급변사태가 발생하더라도 우리가 단독으로 북한 사태에 개입하거나 한·미연합사 체제하에 한·미연합군이 함께 북한 지역으로 들어가는 것은 매우 어렵다고 봅니다. 중국이 이를 가만히 보고 있지 않을 것이기 때문입니다. 그런 점에서 우리는 유엔 결의하에 유엔의 이름으로, 즉 다자적 차원에서 개입하는 것이 가장 적절하고 타당해 보입니다.

아마도 유엔 결의하에 국제사회가 북한 사태에 개입한다면 그것은 국제 관리의 형태가 될 가능성이 높습니다. 다시 말하면 미국과 중국이

양해하는 형태의 국제적 관리, 혹자는 이를 신탁통치라고 말하기도 하지만, 하여간 국제적 관리를 받다가 한국 주도의 통일로 연결시키는 것이 가장 바람직할 것입니다. 물론 이것은 가장 낙관적인 시나리오입니다. 우리가 주도적으로 그런 상황을 만들 수 있도록 외교적으로, 경제적으로 다양한 노력을 경주해야 합니다. 물론 그 기초는 아주 철저하고도 긴밀한 한·미공조가 되어야 합니다. 우리가 이러한 틀 내에서 모종의 역할을 확보하는 것이 가장 적절하고 유용한 방법이라고 생각합니다.

다시금 강조하거니와 제가 말하고 싶은 요지는 북한에서 쿠데타, 민중봉기, 내전, 대량 탈북이나 이 중 몇 가지 사태가 한꺼번에 발생하는 극도의 혼란 상황, 즉 동독 내에서 동독이 붕괴되기 직전 상황이 되기 전까지 우리가 할 수 있는 일은 그리 많지 않다는 것입니다. 북한 급변사태로 북한 경제가 붕괴되거나 북한 주민의 삶이 매우 열악해진다면, 우리는 그때야 비로소 인도적 지원을 한다든지 남북교류나 경제협력 등을 추진할 수 있을 것입니다. 또 여러 가지 이유로 북한에 체류하는 사람의 안전을 위해 이들의 조기귀환 대책을 마련하는 것도 중요합니다.

한편 대량 탈북 사태가 발생해 탈북자들이 중국이나 변경지역 국가로 들어갈 경우, 국제 관리하에 대책을 마련하거나 국제적 고통분담 체제를 만들어야 합니다. 이를 위해 유엔 난민고등판무관실(United Nations High Commissioner for Refugees; UNHCR) 주도로 중국이나 러시아 변경지역에 국제적인 난민촌 등을 만들 수 있을 것입니다. 더불어 해안선이나 군사분계선을 통해 탈북자들이 밀려들어 오는 대량 탈북사태에도 철저하게 대비해야 합니다. 그런 상황이 발생하면 현재의「북한이탈주민법」만 가지고는 대처할 수 없습니다. 하나원에서 수용·관리할 수 있는 인원은 제한되어 있기 때문에 군막사라든지 유휴시설, 지방공무원 교육원 등

자치단체가 보유한 시설을 활용해 임시 구호대책을 마련해야 합니다. 이 경우 지방자치단체나 시민단체(NGO)의 협조와 역할이 매우 중요합니다. 비상체제하에서 탈북자들에게 정착금까지 지급하는 것은 불가능할 것입니다.

지금도 문제가 될 수 있는 것인데, 대량 탈북사태 시에 위장 탈북자들이 발생할 가능성도 높습니다. 만약에 보트 피플이 온다면 일시적으로 거주의 자유를 제한해야 합니다. 섬과 같은 외딴 지역에서 이들을 관리하며 사회적응 훈련을 시키고, 이후 후방지역으로 보내 2차적으로 재정착시키는 등의 대책을 생각해 볼 필요가 있습니다.

북한이 자폭하는 상황에 이르게 될 경우, 북한이 남침을 하거나 남한을 협박해서 미국이 북한 급변사태에 개입하지 못하게 하는 등 여러 가지 시나리오를 얘기하는 사람들도 있습니다. 어찌됐든 간에 급변사태가 발생했을 때 우리의 가장 중요한 목표는 전쟁을 방지하고, 한반도 위기 고조를 최소화하면서 한국의 경제나 사회의 불안을 최소화하는 것입니다.

그런데 북한의 조기 안정이 과연 우리의 국가목표에 항상 부합하는 것인지에 대해서는 생각해 볼 필요가 있습니다. 여기에는 사실 딜레마라고나 할까 혹은 국가적으로 매우 어려운 선택의 문제가 있음을 기억해야 합니다. 어떤 경우에는 북한의 조기 안정을 통해 남한 사회도 안정될 수 있습니다. 하지만 또 다른 어떤 경우에는 우리가 북한의 불안정을 심화시켜 붕괴로 가는 상황으로 유도하여 조기통일을 이룩하는 것이 근본적인 한반도 불안을 제거하는 가장 확실한 방법이 될 수도 있다는 것입니다. 즉 위기(급변사태)는 기회(통일)인 것입니다.

때문에 북한 급변사태에 관한 핵심적인 국가정책 결정자들은 이러한 사태를 안정 방향으로 이끌 것인지 아니면 불안정 상황을 더욱 고조시킬 것인지를 선택해야 하는 매우 어려운 상황에 직면할 수도 있을 것입니다. 그 선택에서 가장 중요한 것은 앞에서도 지적한 바와 같이 정보입니다. 정보는 우리 국가의 안위와 국민의 평화적 생존과 직결되어 있는 만큼, 북한 급변사태 시에는 생명과도 같은 매우 소중한 것이라고 할 수 있습니다. 우리 정부는 정확한 정보를 바탕으로 급변사태를 통일로 연결시킬 수 있는 올바른 대북정책을 수립해야 합니다.

하지만 북한 급변사태 후 차기 정권이 또 다른 공산정권이 된다면 유연한 사회주의로 갈 수는 있지만, 조기통일은 어려워집니다. 이 경우에는 북한정권의 레짐 트랜스포메이션(regime transformation) 혹은 개혁·개방을 목표로 한 대북정책을 추진해나가야 할 것입니다.

북한 급변사태에 대한 미국과 우리의 입장에는 차이가 있습니다. 미국의 최우선 목표는 북한 핵과 미사일 문제 해결, 특히 핵물질의 국제적 이전과 테러 집단과의 연계를 차단·통제하는 것입니다. 그런데 우리의 최우선 목표는 북한을 조기에 안정시키고 남한 사회에 미치는 북한 급변사태의 영향을 최소화하는 것입니다. 아직까지 한·미 간에 북한 급변사태에 대한 공유된 입장을 가지고 있지 않다는 사실은 상당히 우려스럽습니다. 최근 작통권 문제와 관련해서 한·미 관계가 혼란스러운데, 한·미 간에 북한 급변사태에 대해 합의된 정책대안을 만드는 것이 매우 중요하다고 생각합니다.

남주홍
경기대 정치전문대학교 교수

2005년 이맘때 국회 국방위원회 요청으로 '북한 급변사태 시 위기관리 방안'에 대해 연구한 결과를 약 150쪽 분량의 보고

서로 제출한 적이 있습니다. 그 내용이 당시 《동아일보》에 굉장히 크게 보도되었습니다. 꼭 국회 국방위의 요청이 아니더라도 평소 학자로서 북한 급변사태 연구에 대해 항상 논리적으로 준비하고 있었습니다. 단지 이것을 현실적으로 어떻게 적용할 것이냐에 대한 마음은 열어놓고 있는 상태입니다.

두 달 전에 중국군 현역 장군들이 비공식적으로 서울에 왔습니다. 저하고 조성태 열린우리당 의원, 전직 각 군 총장 등 몇 사람이 중국 장군들과 만났습니다. 그 자리에서 제가 제기한 주제가 바로 북한 급변사태 시 한·중 군사협력 방안입니다. 그랬더니 중국군 장군들이 깜짝 놀랐어요. 그들에게는 굉장히 당황스러운 주제였나 봅니다. 제가 자꾸 물어봐도 대답을 하지 않아서 그날 저녁에 안동소주를 바가지로 먹였습니다. 같이 취한 상태에서 다시 물어봤더니 "그런 중대한 얘기를 어찌 여기서 하겠습니까? 내년에 베이징에서 합시다"라며 입을 딱 닫아버리더군요. 제가 어떻게 그 문제를 제기했냐 하면 "당신들 작년에 산둥 반도에서 러시아하고 연합상륙 훈련하지 않았느냐. 연합상륙 훈련이라는 것이 무엇인가? 조선반도 비상대책 아니냐? 산둥 반도 바로 건너편에 뭐가 있느냐? 해주반도다. 북한에 개입하겠다는 건가? 동북공정은 무엇인가?" 하고 물었습니다. 그렇게 시비를 걸어놓고 "우리도 작계 5029가 있다"고 했습니다. 그때 제가 "중국도 조선반도 비상대책이 있다"라는 내용까지 들었습니다. 즉 여러분께 제가 드리고 싶은 얘기는 북한 급변사태에 대해 상당히 현실적으로 준비해야 한다는 것입니다. 북한 급변사태에 대한 좋은 이론은 앞에서 많이 나왔기 때문에 저는 현실적인 측면에서 얘기하겠습니다.

먼저 급변사태 상황의 임박성입니다. 제가 보기에 급변사태가 발생할 가능성은 굉장히 높습니다. 제가 정부에 있을 때나 대학으로 다시 돌아왔을 때만 하더라도 북한 급변사태는 하나의 가상 시나리오로만 존재했습니다. 그런데 제가 왜 이제 와서 북한에 급변사태가 발생할 가능성이 높다고 평가하느냐? 이유는 간단합니다. 첫째는 북한이 결국 핵과 미사일 위기관리에 실패할 것이다. 둘째는 6자회담은 이미 늦었다. 설사 6자회담이 재개된다 하더라도 북한의 위조지폐, 마약, 인권에 관한 국제사회의 제재는 못 막습니다. 유엔 결의 1,695호는 이미 시행 중이고 이것은 향후 6자회담 결과와는 무관합니다. 한국정부의 입장과는 더욱 무관합니다.

저는 김정일의 위기관리 능력이 위기에 처했다고 보고 있습니다. 얼마 전 국회에서 국가정보원장이 북한의 핵실험 가능성을 50 대 50이라고 말했을 때, 한 기자가 저한테 그에 관해 물었습니다. "정부가 북한이 핵실험을 하지 않을 가능성이 50퍼센트라고 해도 나는 핵실험을 할 가능성 50퍼센트에 무게를 두겠다"라고 답변한 적이 있습니다. 핵실험을 하면 어떻게 되는가? 북한정권과 체제가 핵 분열될 가능성이 높습니다. 그렇게 되면 현존 수령체제가 타파될 가능성도 높아집니다. 바로 이것이 급변사태입니다. 즉 1단계는 북한의 핵과 미사일 위기관리 실패. 2단계는 그로 인한 정권과 체제의 분열 가능성. 3단계는 그에 따른 휴전체제 현상 타파 가능성. 이런 것이 순차적으로 발생합니다. 따라서 현재 북한 급변사태 임박성에 대한 저의 평가는 그 가능성이 매우 높다는 것입니다. 지금은 우리가 이론적인 논쟁만 할 때가 아닙니다. 우리 정부는 정신을 바싹 차려야 합니다. 정부에 대해서 할 얘기가 너무 많은데 오늘은 참겠습니다.

두 번째, 한·중과 한·미 관계에 대해서 평가를 하라고 하셨는데 한 3주 전에 버웰 벨(Burwell Bell) 주한미군 사령관하고 조찬을 한 적이 있습니다. 그때 제가 벨 장군한테 "당신들 만약 한·미연합사가 해체된

다음에 북한에 급변사태가 발생하면 어떻게 할 것인가?" 하고 물었습니다. 한·미연합사가 해체되면 한·미연합작전계획 5029는 백지화됩니다. 한국군 단독작전계획을 만드는 데만 5년이 걸리고 단독작계를 만들면 무기체계와 전략전술이 있어야 되는데 그것을 다 갖추는 것은 또 한참 뒤의 일입니다. 그런데 그 와중에 북한이 핵과 미사일 위기관리에 실패해서 급변사태가 발생하면 어떡합니까? 이 중대한 문제를 놔두고 어제 통일부 장관은 한가한 소리를 했고 열린우리당의 조성태 전 장관은 또 정반대 얘기를 했으며 열린우리당 천용택 전 장관, 조영길 전 장관 모두가 각기 다른 얘기를 했는데 제가 여기서 간단하게 정리하겠습니다.

만약 한국군이 전시작전통제권 인수를 시작하면 이 과정은 북한 급변사태 발생 과정과 맞물려갑니다. 작전통제권 인수와 북한 급변사태 발생은 별개의 과정이 아닙니다.

첫째는 북한 급변사태가 발생했을 때 한국군이 단독으로 북한에 개입한다면 어디까지 개입할 것인지에 대한 문제가 발생합니다. 즉 전쟁 목적이 무엇이냐? 통일전쟁을 하겠다는 뜻이냐? 휴전체제의 현상유지 관리를 위한 정책이냐?

둘째는 그런 사태가 발생할 때 미군은 얼마만큼 도와주는 것이 좋겠느냐? 이에 대해 한국 정부에서는 '증원'과 '지원' 개념을 혼동하고 있습니다. 증원은 주한미군이 초반 주력전에 참가할 때 시차별 부대전개 목록에 의해 자동으로 개입되는 것입니다. 지원은 연합사가 해체되고 병력이 뒤로 빠진 상태에서 상황적으로 개입하는 것입니다. 증원은 자동적인 병력 보충이 보장된 제도적 장치고, 지원은 상황을 고려해서 조건적으로 들어가는 것입니다. 정부는 이 두 개념을 정확하게 알지 못하고 있습니다. 그러니까 벨 장군이 묻는 거예요. "우리가 얼마만큼 도와주면 좋겠느냐?(How much?)" 작계 5029하에서는 미군이 한국군을 자동적으로 도와주게 되어 있습니다. 그런데 이 작계 5029마저도 이종석 통일부 장관하고 몇몇 젊은이들이 시비를 걸어 개념계획으로 격하시켜 버렸습니다. 작전계획을 개념계획으로 격하시켜놓고 보니까 지금 급변사태에 대한 대책이 없습니다. 이런 상황에서 작전통제권 환수를 거론하면 안 됩니다. 논의를 해도 다음 정권으로 넘겨야 합니다.

군사적 의미에서 미국과의 공조는 쉽게 말해 연합작전 체제의 효율성에 관한 문제입니다. 그런데 이것이 지금 공중에 붕 떠 있으니 북한에 급변사태가 발생하면 바로 우리 내부에도 격변 상황이 발생합니다. 북한의 체제와 정권 붕괴 현상이 발생하고 남한의 정책과 전략에 굉장한 혼선이 오며 정체성(identity)과 방향감각을 상실하는 현상이 연달아 옵니다. 격변과 급변은 동전의 앞·뒷면입니다. 그렇기 때문에 지금은 연합작전 체제와 작전통제권을 논의할 적기가 아닙니다. 한·미공조는 북한 급변사태 그리고 작통권 문제와 긴밀히 연관된다는 것을 다시 한 번 말씀드립니다.

우리 정부나 통일부 장관이 언론에서 "우리가 여태까지 미군에게 신세만 졌지만 앞으로는 신세질 일도 없고 별 도움이 안 되기 때문에 작전통제권을 환수해야 된다"라고 얘기했는데 한마디로 무식해서 그렇습니다. 우리 정부에 안보전략 논의를 모르는 사람이 너무 많아요. 제가 여기에 대해 논박을 해보겠습니다.

첫째로 급변사태에 개입을 할 때 말로 합니까? 급변사태라는 것은 군사전략으로 말하면 특수작전 능력입니다. 한국군 야전군이 주력으로 들어가는 5029작전은 전쟁 시에 쓰는 것입니다. 급변사태는 북한의 내전 상황에 개입하는 것입니다. 이때에는 특수부대가 들어갑니다. 그런데 우리 군의 특수작전 능력 – 정보첩보력, 침투력, 수송력, 화력 – 등에는 한계가 있습니다. 지금 무엇으로 북한 급변사태에 개입하겠다는 겁니까?

둘째로 바로 중국과의 관계입니다. 중국의 개입을 막으려면 우리가 직접 중국을 설득하는 것보다 미국이 중국에 메시지를 보내는 게 더 크게 작용합니다. 중국의 동북공정이 압록강을 넘어오는 걸 막기 위해서라도 한·미연합작전 체제가 공동으로 개입해야 합니다. 즉 한·미연합작전 체제만이 중국의 개입을 억제할 수 있습니다.

셋째로 전후 수습 능력 측면입니다. 만약에 북한 급변사태에 대한 개입 과정이 통일전쟁으로 비화되면 어떻게 합니까? 통일전쟁으로 비화되는 것은 전쟁 목적의 확대를 의미합니다. 그럴 때는 바로 유엔의 우산을 쓰고 들어가야 합니다. 우리 국내 전략으로 말하면 주한미군사령관이 바로 유엔군 사령관입니다. 그 우산을 쓰면 따로 다국적군을 편성할 필요가 없이 자동적으로 유엔군이 들어오게 됩니다. 불과 한 달 전에 유엔군 사령부 안에서 특수전 도상작전이 있었습니다. 유엔군 산하 모든 군대가 특수작전 능력을 기본으로 한 워게임(war game)을 실시했습니다. 북한 급변사태가 발생하면 정규군이 아니라 특수부대가 들어가게 됩니다. 침투력·수송력·화력·정보력·원대복귀력 측면, 중국의 개입을 억제하는 측면, 그리고 이것이 통일전쟁으로 비화될 때 확전을 방지하는 측면에서 반드시 유엔의 우산을 쓰고 들어가야 합니다. 그리고 바로 유엔군 사령관이 바로 주한미군 사령관이에요. 그런데 지금 작통권 환수로 이것을 해체하겠다는 주장은 실로 답답한 얘기입니다.

결국 북한의 급변사태는 우리의 안보위기로 먼저 다가옵니다. 통일의 호기는 우리가 이 안보위기를 관리할 능력이 있을 때, 즉 안보위기 관리 과정의 논리적인 결과가 바로 통일의 호기입니다. 처음부터 통일의 호기를 전제하고 탈북자 대책 등을 세우면 안 돼요. 우리가 '탈북 난민, 보트 피플을 어떻게 정착시킬 것인가?' 하는 그 문제는 마지막 수습 능력 단계에 포함되는 내용이에요. 초기에는 우발과 돌발 사태, 제2의 연평해전, 서해교전이 연이어서 발생하는 것을 막아야 합니다. 우발이라는 게 뭡니까? 수많은 스커드 미사일이 우발적으로 날아올 수 있어요. 만약 한·미연합작전을 폐기해버리면 한국군이 단독으로 북한에 개입할 때 한·미 양국 간에 작전적인 충돌이 예상됩니다. 그렇기 때문에 작전계획 5029와 작전통제권을 지금 건드리면 안 돼요. 아주 어려운 시기에 있습니다.

따라서 결론을 말씀드리면 첫째는 지금 다가오는 북한의 급변사태를 이론이 아니라 정책적으로 과학적으로 대비하시기 바랍니다. 둘째는 이것은 안보의 위기지 통일의 호기가 아닙니다. 셋째는 북한의 급변 상황은 반드시 남한의 격변 상황을 유발합니다. 우파의 안보우선 논리와 좌파의 통일우선 논리가 반드시 부딪치게 되어 있습니다. 북한 급변 과정이 장기화되면 북한 내부에서 발생하는 게릴라전, 내전이 남한 내부의 좌·우파 간의 천하대란을 함께 유발합니다. 즉 친북 좌익세력과 애국·호국 세력이 정면으로 부딪치는 격변의 남한 내전(civil war)과 북한 게릴라전이 동시에 발생할 수도 있다는 얘기입니다. 안보는 항상 최악의 경우를 대비해야 합니다.

안드레이 란코프(Andrei Lancov)
호주 국립대 한국사 교수

제가 한국에 온 지 이제 2년이 됐습니다. 그동안 한국 사회를 겪으면서 가장 놀라운 것 중에 하나가 북한 급변사태에 대한 이해가 거의 없다는 것입니다. 젊은 세대, 386세대할 것 없이 북한 급변사태 문제를 전혀 인식하지 못하고 있습니다. 그런 의미에서 오늘 이 세미나는 아주 상징적입니다. 북한 급변사태에 대한 논의를 공개적으로 노골적으로 거론하기 시작했다는 것은 아주 큰 의미가 있습니다.

저는 북한 급변사태가 발생할 가능성이 아주 높다고 생각합니다. 개인적으로 수십 년 동안 스탈린식 사회주의 독재체제 아래 있던 북한 사회가 단계적·점진적으로 자유민주주의 체제로 변화하는 것은 불가능하다고 생각합니다. 북한이 구소련처럼 개혁을 시작한다면 바로 체제 붕괴를 초래할 수 있는 동력이 생깁니다. 앞에서 여러분들이 말씀하신 것처럼 인민봉기나 군사 쿠데타가 발생할 가능성은 시간이 갈수록 높아지고 있습니다. 북한이 변화하고 있기 때문입니다.

현재 북한이 변화하고 있는 과정은 북한정부가 실시하는 개혁 때문이 아니라 밑에서 자라나는 자본주의, 즉 장마당을 중심으로 하는 자본주의 때문입니다. 또 북한정부는 예전과 같은 정보 차단을 유지할 수 없게 되었습니다. 북한 사람들, 특히 북쪽 국경지역이나 평양과 같은 대도시에 사는 북한 사람들은 지금 ≪로동신문≫에 실리는 내용 대부분이 거짓말이라는 사실을 잘 알고 있습니다. 남한은 거지들만 사는 나라가 아니라는 것을 알고 있습니다. 그래서 그들은 점차 자기 체제에 대한 비판의식이 커지고 있고 남한을 더욱더 미더워하며 심지어 어떤 경우에는 남한에 대한 환상까지 가지고 있습니다. 이처럼 북한 주민들의 의식 수준이 변화하고 있습니다.

저는 개인적으로 중국의 개입에 대해서 걱정스럽게 생각합니다. 최근 고구려·발해 역사 문제, 동북공정 문제가 불거지고 있습니다. 이 문제에 대해서도 여러 가지 설명이 가능하지만 그중 하나가 바로 중국의 북한 진출 의도입니다. 이와 같은 움직임은 중국이 북한에 개입하는 것을 변호하기 위해 필요한 작전이 아닐까 생각합니다.

발표자, 토론자 여러분들이 각 분야에 걸쳐 아주 흥미롭고 중요한 의견을 많이 제시해주셨습니다. 하지만 제가 이 자리에서 강조하고 싶은 얘기는 앞에서 언급하지 않은 대응 조치입니다. 제가 생각하기에는 지금 곧바로 준비를 시작해야 합니다. 여기에는 몇 가지 법률적인 문제가 있는데 공적인 자리에서 공개적으로 토론하는 기회를 자주 가질수록 그 법안을 마련하는 데 큰 도움이 될 것 같습니다.

하나는 북한 간부들에 대한 일반 사면입니다. 물론 저와 다른 의견을 가지고 계신 분들이 계실지 모릅니다. 저도 사실 이런 해결이 싫습니다. 북한 간부들 특히 북한 보위부 출신들은 광복 역사에서 친일파보다 훨씬 더 악명 높게 기록될 것입니다. 친일파 때문에 죽은 한국 사람도 많지만 북한 독재체제 때문에 죽은 한국 사람들이 훨씬 더 많기 때문입니다. 그래도 이 사람들에 대한 일반 사면이 필요하다고 생각합니다. 지금까지 북한체제를 유지할 수 있었던 요인 중 하나는 바로 북한 간부들에게 비상구가 없다는 사실입니다. 소련이나 중국의 공산당 간부 출신들은 하루아침에 자신을 자유민주주의 공무원 혹은 민주정치인으로 바꾸었습니다. 북한은 이렇게 될 수 없습니다. 북한에 위기가 발생한다면 흡수통일 될 가능성이 높은데 그때 그들은 어떻게 될지 모릅니다. 제가 얼마 전 평양에 갔을 때 많이 받은 질문 중 하나가 "독일이 통일되고 동독 간부들은 어떻게 됐습니까?"입니다. 이것은 저만 듣는 질문이 아니고 평양을 방문한 한국말을 할 줄 아는 외국인이면 모두 이러한 질문을 받는다고 합니다. 그렇기 때문에 그들에게 일반 사면을 약속하고 이 약속을 지켜야 합니다. 특히 정치범수용소에 대한 진실이 노출된다면 아주 지키기 어려운 약속이 될 것입니다. 그래도 한번 한 약속은 지켜야 합니다. 이 사면은 비도덕적이지만 북한 감옥에서 죽은 사람들을 다시 살릴 수 있는 방법은 없고, 지금 살아 있는 사람들을 위해서 꼭 필요한 조치입니다. 이러한 논의를 지금 해야 합니다.

또 다른 하나는 토지소유권 문제입니다. 토지개혁 이전 북한에는 본래 지주들이 많았습니다. 아마 남한에 정착한 이들 중 대부분은 지금까지도 그 토지소유 문서를 갖고 있을 것입니다. 그래서 그 지주의 후손들은 통일 후에 곧바로 자기 조상들의 소유였던 토지를 다시 찾으려고 할 것입니다. 여기에서 남북 갈등이 아주 심해질 수 있습니다. 북한 사람들은 오래 전부터 '우리 체제가 무너지면 지주 놈들이 다시 온다'는 식으로 교육받았습니다. 거의 50~60년 동안 농사짓던 자기 땅을 순식간에 상실한다면 어떻겠습니까? 그런 식의 선전·선동은 북한 주민들에게는 충분히 정신적 충격이 될 수 있습니다. 아직은 이 문제를 가볍게 생각할 수 있지만 실제로 급변사태가 발생하면 북한 토지소유권을 둘러싸고 커다란 갈등이 빚어질 것입니다.

또 다른 문제는 부동산입니다. 지금 압구정동, 강남 등지의 부동산 시세가 어떤지는 다들 알고 계실 겁니다. 북한 사람들은 극소수 간부 출신을 제외하면 부동산 매매에 대한 개념이 없습니다. 따라서 남북 간 부동산 거래가 이루어졌을 때 부동산 시장에서 북한 사람들은 경쟁력이 없을 것입니다. 그런 가운데 남한의 부동산 투기꾼들이 북한의 땅을 마구 사들이면 결국에는 북한 부동산의 대부분이 남한 사람들의 소유가 됩니다. 이와 같은 현상이 남북 갈등을 심화시키는 요인 중 하나가 될 수 있습니다. 따라서 이 문제에 대해서는 약 10~15년 동안 임시적으로 북한에서의 사적인 부동산 투자를 금지하거나 관리·제한하는 등의 보완

제도가 필요하다고 생각합니다.

홍정표
일본 미야자키 국제대학 교수

저도 다른 분들 의견과 같이 북한 급변사태 발생이 매우 임박해 있다고 생각합니다. 2006년 7월 유엔에서 채택된 대북제재결의에 따라 미국은 착실하게 제재조치를 취하는 등 북한을 압박하고 있습니다. 일본의 아베 수상 역시 북한에 대해서 아주 단호한 입장을 가지고 있습니다. 중국의 경우에는 최근 주북한대사를 미국 전문가로 임명했습니다. 또 후진타오 4세대 지도자 같은 경우에는 과거 1·2·3세대 지도자들과 확연히 다릅니다. 여러 가지 상황을 종합해 볼 때, 중국 정부는 더 이상 과거 이데올로기에 연연하지 않고 합리적으로 사고하고 있습니다.

제가 얼마 전 미국 학자들과 얘기를 나누다가 "왜 미국은 이란, 아프가니스탄, 이라크는 공격했는데 북한은 공격하지 않았나?"라는 질문을 했습니다. 미국 입장에서는 우선 북한 공격이 아무런 경제적 이득이 없다 이거예요. 그러나 공격하는 대신 다른 형태의 제재를 가하고 있는 겁니다. 이러한 제재가 북한을 서서히, 그러나 확실하게 압박하고 있습니다. 미국의 부시 대통령도 임기가 이제 2년 남짓밖에 남지 않았는데 부시 행정부는 그 전에 무언가 가시적인 조치를 취할 거예요. 북한은 부시 행정부의 2년 남짓 남은 임기를 극복하면서 민주당이 오기를 바라고 있겠죠. 그러나 2년은 결코 짧은 시간이 아닙니다. 그런 의미에서 저는 북한 급변사태가 1994년 서울 불바다사태 때보다 더 큰 위기라고 생각합니다.

한편 우리는 주변국과의 관계를 어떻게 정립해야 하는가의 문제가 있습니다.

과거 중국은 북한을 완충지대(buffer zone)로 생각하고 남북한 문제를 다뤘습니다. 그런데 최근 중국은 그러한 냉전적·지정학적인 이데올로기에서 벗어나고 있습니다. 베이징대 북한학자가 중국인 30명을 대상으로 조사를 했습니다. 군부에서 5명, 당에서 5명, 정부에서 5명, 학계에서 5명, 사회에서 5명, 비즈니스계에서 5명 이렇게 30명에게 "중국이 가장 혐오하는 국가가 어디인가?"라고 질문하니까 일본이 50퍼센트, 북한이 48퍼센트라는 결과가 나왔습니다. 남북통일을 위해서는 중국인들에게 통일된 한반도가 중국에 분명 도움이 된다는 인식을 심어줄 필요가 있습니다. 최근 우리나라에서 중국에 상당한 공을 들이고 있는데 좋은 현상인 것 같습니다.

일본과의 관계에서 독도문제가 불거지는 것도 한·미 외교가 흔들리기 때문입니다. 제가 생각하기에 한·미 관계가 좋다면 독도 문제가 일어날 수 없어요. 한·일 관계에도 한·미동맹 축을 철저히 유지하면서 접근해야 합니다. 같은 이유로 우리가 중국과 협상할 때 미국 카드를 지켜야 합니다. 미국 카드가 없으면 우리는 그대로 중국에 흡수됩니다. 서울 종로에서는 보수진보다, 친미·반미다 해서 우리 국민끼리 떠드는데 그런 걸 조장하는 북한은 밖에서 미국에 매달리려고 혈안이 되어 있어요. 북한이 우리를 향해서는 반미를 부르짖고 클린턴 정부에서는 중국 카드, 부시 정부에서는 일본 카드를 쓰면서 미국에 매달리고 있다는 것을 특히 우리 대학생들과 젊은 세대들이 알아야 합니다.

또 일본과의 관계에서 아베 총리 경우에는 강경한 우파지만 합리적입니다. 아베의 외조부는 기시 전 총리로 아베 총리는 외조부를 굉장히 존경합니다. 기시 전 총리는 1950~1960년대에 아시아 15개국을 돌면서 일본이 일으킨 전쟁에 대해 사과하고 국교 관계를 정상화시킨 사람입니다. 그래서 그런 점을 우리가 잘 활용하면 고이즈미 시대보다 한·일 관계는 더 좋아질 것으로 보입니다. 2005년 최근에 고이즈미가 유럽에 다녀온 이후 한국과 중국이 정상회담을 거부한 것에 대해 "후회할 때가 있을 것이다"라고 발언했는데 이게 참 걱정스럽습니다. 우리 정부가 좀 더 지혜롭게 우리 주변 4강 관계를 활용해야만 위기를 기회로 바꿀 수 있을 것 같습니다.

베이징에 가서 택시를 타면 택시기사가 "북한을 먹어버려라!"고 말합니다. 북한을 중국 속담 중에 시골 화장실 돌덩이에 비유해요. 시골 화장실에 있는 돌덩이를 꺼내놓으면 냄새만 지독하게 납니다. 또 그 돌덩이를 툭 치면 쉽게 깨지고 부스러집니다. 시골 화장실 돌덩이가 거칠고 공격적인 것 같지만 속이 허하기 때문에 북한을 거기에다 비유하는 것이죠.

이제 냉전적 사고나 지정학적인 사고에서 벗어난 중국에게 통일된 한반도가 그들에게 도움이 된다고 설득하면서 철저한 미국과의 협력하에 중국과의 관계를 정립해야 합니다. 중국은 북한 문제를 생각할 때 대만 문제와 연관지어 생각합니다. 중국으로서는 북한보다는 대만 문제가 더 급선무이기 때문입니다. 그래서 이러한 관계를 잘 파악하여 지혜롭게 대처할 때 우리에게 좋은 기회가 올 수 있을 것입니다.

김성민
자유북한방송 대표

훌륭한 교수님들 사이에 저를 앉힌 이유가 저보고 실제적인 생활 이야기를 하라는 의도로 알고 저는 좀 가벼운 얘기를 하겠습니다.

북한의 급변사태라고 해서 저는 '한국 정부가 지금 북한의 급변사태를 대비하고 있을까?'라는 생각이 먼저 들었습니다. 만약 준비된 대책이 없다면 진짜 두렵다고 느꼈습니다.

바로 오늘 일본 아사히 TV에서는 북한의 공개총살 장면을 몰래카메라로 찍은 필름을 뉴스 시간에 내보낼 예정입니다. 그런데 여기서 우스운 사실은 북한 사람들이 공개총살 장면을 같은 장소에서 몰래카메라로 찍은 제보가 3건이나 들어왔다는 것입니다. 2006년 7월 10일 북한 함경남도에서 총살한 장면인데 이것이 무엇을 의미하냐 하면 그만큼 북한 사람들이 돈을 노리는 겁니다. 돈만 된다면 정말 죽기 직전까지 무슨 일이든 다 하겠다는 겁니다.

지금 탈북자가 8,200명입니다. 곧 만 명이 되겠죠. 탈북자 중 81퍼센트가 국경 연선지역 사람들입니다. 국경 연선지역의 약 10퍼센트 정도가 휴대폰으로 북한에서 전화를 합니다. 중국 휴대폰을 들여보내면 전화가 되기 때문입니다. 그럼 반대로 생각을 해보면 남조선과 통화하는 북한 사람들이 약 2,000~3,000명이나 된다는 소리입니다. 과거에는 다 간첩인 셈입니다. 남조선에 정보 팔아먹었으니 당장 죽여야 할 범죄자인 데도 불구하고 북한 사회가 지금 통제 불능 상태에 있다는 뜻입니다.

앞에서도 말씀하셨지만 북한은 국민 정서까지도 통제하는 나라입니다. 사실 10대원칙, 헌법, 김일성 교시 외에도 여러 가지 선전·선동 문구를 반복 주입해서 주민정서를 만들었습니다. 예를 들어서 '미제와 일제는 우리 인민의 철저한 원수다', '미제를 남조선에서 몰아내고 조국을 통일해야 한다', '경애하는 지도자 김정일 동지를 통일광장에 높이 모셔야 한다', '위대한 수령님이야말로 세상에서 가장 위대한 분이며, 수령 지시에 절대 복종해야 한다' 등. 주민 정서를 꽉 묶어놨기 때문에 사람들이 그것을 위반할 생각조차 못합니다. 법에 어긋나는 일을 하더라도 그런 정서야말로 벗어날 수 없기 때문에 지금까지 북한체제가 유지된 것 같습니다. 실제로 공개총살 과정에서 인민재판을 할 때 북한 사람들이 "죽여라, 죽여라" 외치는 이유도 자기도 모르게 주입된 주민 정서에 따른 것입니다.

최근 북한의 이러한 주민 정서는 분명히 달라졌습니다. 북한 주민들은 "돈만 달라. 돈만 주면 별 걸 다 하겠다", "차라리 우리가 혼자 벌어먹고 굶어죽지 않게 국가가 배급 안 줄 때가 더 좋다'라고까지 말하고 있습니다. 이러한 주민 정서가 점차 확산되고 확고해지면 정말 북한 급변사태가 올 수 있습니다. 기존 정치체제에서 이탈하는 현상이 체제 전복까지는 아니더라도 사회적으로 극심한 혼란 상황 내지는 무정부 상황을 연출할 수도 있다고 봅니다. 그렇게 되면 군대가 나설 것이고 이를 막는 사람들이 대량으로 살해당하는 등 이른바 북한 민주화운동이 일어날 수도 있지 않을까 생각했습니다. 이런 식으로 저희가 볼 때는 북한 상황이 빠르고 갑작스럽게 변화하고 있기 때문에 만약 한국 정부에 이런 사태에 대한 대책·대응이 없다고 하면 사실 두렵습니다. 그런 사태로 인해 파생되는 문제는 정말 많을 것입니다. 군대, 무기, 토지 문제, 부동산 소유 등 이러한 문제에 대해서 미리 대비하는 것이 참 중요하다고 다시 한 번 말씀드리고 싶습니다.

앞에서 대량 탈북사태에 대한 우려의 말씀을 하셨는데 저는 좀 다르게 생각합니다. 저는 북한에 급변사태가 발생하고 김정일 정권이 붕괴되면 탈북자들이 한국으로 대거 밀려들어 올 것으로 생각하지는 않습니다. 설령 탈북자들이 발생하더라도 한국 사회에 위협적일 만큼 그렇게 많이 발생하지는 않을 것입니다. 정치적인 이유로 탈북하는 경우 혹은 강도와 같이 북한 사회에서 잘못을 저지르고 탈북하는 경우가 많습니다. 그러나 김정일 정권이 붕괴되고 이른바 개혁·개방을 추진하는 정권이 들어섰을 때 남한으로 들어온 탈북자들은 정치적으로 이득이 될 게 하나도 없습니다. 또 범죄를 저지르고 탈북해서 한국에 숨어 있다손 쳐도 그때는 이미 남북한 교류로 죄 지은 사실이 들통 나서 한국 사회에 들어와서 살 수는 없을 것입니다.

가장 큰 탈북 이유는 바로 굶주림입니다. 그런데 한반도 지리상 중국을 통하지 않으면 한국으로 못 오게 되어 있습니다. 그러나 북한에 급변사태가 발생하면 중국에서 탈북자들을 단단히 막을 것입니다. 그리고 앞서 말씀하신 것처럼 지금은 탈북자들에게 정착금을 제공하기 때문에 기를 쓰고 탈북하기도 하지만 북한에 급변사태가 발생한 후에 북한 주민들에게 북한에 그대로 머무를 때 더 많은 혜택이 돌아간다고 선포하면 기를 쓰고 탈북하지는 않을 것입니다. 사실 우리 고향 사람들은 김정일만 없어져 주면 고향 땅에서 열심히 농사짓고 살고자 하는 소박한 꿈을 갖고 있습니다. 때문에 북한 급변사태가 일어난다고 해서 체제에 혼란을 야기할 만한 대량 탈북사태가 발생할 것으로 생각하지는 않습니다.

• 질문

저는 '통일을 준비하는 사람들 모임'을 운영하는 이성학입니다.

1953년 휴전협정이 체결되고 1994년 중국군이 완전히 철수하면서 지금은 휴전감시단 전부가 철수했습니다. 그렇다면 벌써 휴전협정이 체결된 지 53년이 지났는데 국제법상 휴전협정이 아직도 유효한지 궁금합니다. 그리고 만약 휴전협정을 평화협정으로 본다면 당사국은 어떻게 되는 것인지도 궁금합니다. 북한 급변사태 발생 시 우리 군의 개입 문제 등과 연관이 있다는 생각이 듭니다.

두 번째 질문은 7·4공동성명부터 시작해서 6·15공동선언까지 그동안 남북 간에 수많은 성명이 있었습니다. 그러나 우리는 그중 단 한 건도 국회에서 비준을 받지 않았고, 이북에서는 최고인민회의에서 하나인가 인정받은 것으로 알고 있습니다. 남북 간 조약이 양측에서 인정을 받고 국민의 동의를 얻는다면 북한 급변사태 발생 시 우리가 개입할 수 있는 여지가 생깁니다. 우리가 지속적인 평화를 유지하기 위해서라도 그런 뒷받침이 있어야 한다고 생각합니다. 그런데 왜 지금 정치권에서, 국회에서 그것도 못하고 있는지 궁금합니다. 그건 정권 교체와 관계없이 여야 합의만으로도 충분히 가능하다고 생각합니다.

• 질문

저는 '뉴라이트 전국연합'의 정책위원으로 있는 우동주라고 합니다. 남주홍 박사님께 전부터 여쭤보고 싶던 두 가지만 질문하겠습니다.

지금 미국에 의해서 북한의 정권 교체가 이뤄질 가능성에 주목하고 있는 상황인데요. 중국에 의한 레짐 체인지(regime change) 가능성은 어떻게 보시는지 궁금합니다.

또 하나는 그런 일련의 과정 속에서 중국 군대가 형식상 북한의 요청으로 북한에 진주하게 될 가능성, 또 그런 경우에 어떤 억제 수단이 있는지 궁금합니다.

• 답변[남홍주]

남북 간에 맺은 협정이 비준되지 않는 이유는 간단합니다. 우리 헌법상 북한은 국가가 아닙니다. 조약은 국가와 국가 간에 맺는 것입니다. 헌법 제3조에 한반도와 그 부속도서는 대한민국 영토라고 명시하고 있습니다. 더 중요한 이유는 북한정권이 대남전략 차원에서 만들어놓은 합의서를 우리가 쉽게 인준할 수가 없다는 것입니다. 최근에 그 문제에 대해 여야 간에 합의를 이끌어내자고 주장하는 사람 대부분은 친북 좌익세력들입니다. 좌파의 논리입니다. 이를 바탕으로 남북평화조약을 체결하자는 것이지요.

황장엽 선생님께서 얼마 전에 "모든 건 중국에 달려 있다"는 얘기를 하신 적이 있습니다. "그게 무슨 뜻입니까?" 하고 여쭤봤더니 중국이 북한에 대한 지원만 끊어버리면 북한정권이 넘어간다는 말입니다. 즉 "일부러 군사개입해서 저걸 엎으려고 하지 말고 코크스탄, 원유, 곡물 3대 전략 물자만 끊어라. 그 물자 지원량만 줄여라. 그렇게만 해도 북한은 넘어간다"고 합니다. 따라서 말씀하신 중국의 군사개입에 의한 북한의 레짐 체인지 가능성은 없다고 생각합니다. 다만 중국의 대북정책 변화로 인한 레짐 체인지 가능성은 있습니다. 북한 핵실험은 하나의 분수령이 될 것입니다. 중국에서는 2008년에 올림픽이 열립니다. 중국 사람들 말을 그대로 전하죠. 첫째는 우리는 조선반도의 안정을 원한다. 둘째는 그런 의미에서 북한체제 붕괴는 원치 않는다. 그래 놓고 하는 말이 더 재미있습니다. 셋째는 그런데 북한 김정일 정권은 미래가 보이지 않는다.

우리의 대책은 간단합니다. 한·미 안보동맹 이외에는 대안이 없습니다. 한·미 안보동맹이 튼튼하면 한·중 관계도 잘됩니다. 심지어 중국 사람들이 개인적인 자리에서 "너희가 미국하고 관계가 소홀해지니까 우리가 북조선 당국자를 설득하는 데 애를 먹는다"고 말합니다. "그게 무슨 소린가?" 했더니 "남조선은 미국하고 찰떡공조로 잘 움직이는데 넌 왜 내 말 안 듣는가? 내 말 좀 들어라"라고 하면서 북한을 설득한다는 거죠. 대북 영향력 확대 차원에서도 한·미공조가 강화될수록 한·중 관계도 오히려 개선될 여지가 있다는 뜻입니다. 결국 한·미 안보협력체제 외에는 대안이 없습니다.

Contingency Plan for North Korea's Crisis

Park Kwan-Yong, et al.

Co-edited by National Development Institute and Center for North Korean Studies, Korea University

List of Contributors

Baek, Seung-Joo

Ph. D. in Political Science, Kyungbook National University.

Baek, Seung-Joo is currently a Chief of the Research Team on the ROK's Policy towards NK at the Korea Institute for Defense Analyses. He is a Member of the Advisory Committee to the Ministry of Unification, Seoul, Korea. He has worked as the Director for the Korean Political Science Association and for the Korean Association of International Studies. He has published *2006 Evaluation on the Strength and Weakness of NK Regime*, Seoul: KIDA, 2006; *National Defense Policies and the Role of NGOs*, Seoul: KIDA, 2005; *ROK Policy Directions for Contingency Situations of NK*, Seoul: KIDA, 2004; and ROK *Security Policy Directions against Post-Nuke NK*, Seoul: KIDA, 2003.

Hong, Jeong-Pyo

Ph. D. in Politics, School of International Studies, Beijing University.

Hong, Jeong-Pyo is a Professor at Miyazaki International College in Japan. He has worked as a Fellow & Assistant Professor at KDI School, Korea Development Institute. He worked as a Visiting Scholar at Michigan State University, USA; and a Visiting Research Professor at Georgetown University, Washington, D. C., USA.

Hong, Song-Kuk

Ph. D. in Economics, Russian Academy of Sciences.

Hong, Song-Kuk is the Director of North Korea Studies Dept. at the Institute for Far Eastern Studies, Korea. He worked as Counselor for Socio-Cultural Exchange Affairs in the Ministry of Unification, Seoul, Korea. He has published *The Economic Theory for Peace on the Korean Peninsula*, Seoul: Dahae, 2006; *The Crossroad by Self-Efforts: the Theory and Practice of North Korean Economy*, Seoul: PC Line, 2005.

Jeung, Young-Tae

Ph. D. in Science of International Politics, L'universite de Paris I (Pantheon-Sorbonne), France.

Jeung, Young-Tae is a Senior Researcher at the Department of North Korea Studies at the Korea Institute for National Unification. He worked as a Researcher for the Institute for the Third World, L'universite de Paris I, France. He has published *The Possibility of Abolishing Nuclear Weapons in North Korea and the North Korea-U. S. Relations*, Seoul: Korea Institute for National Unification, 2004; *Traits of North Korean Ruling System and the Prospects of Policy*, Seoul: Korea Institute for National Unification, 2001.

Jhe, Seong-Ho

Ph. D. in Law, Seoul National University.

Jhe, Seong-Ho is a Professor at the College of Law, Chung-Ang University. He has worked as a full-time lecturer at the Korea Military Academy; a Research Director for the Division of North Korean Economic and Social Studies at the Korea Institute for National Unification; a Director for the Research Center for Human Rights in North Korea; a Member of the Advisory Committee to the Ministry of Unification, Seoul, Korea; and a Member of the Advisory

Committee to the National Security Council(NSC). He is currently working as a Member of the Advisory Committee to the Ministry of Justice; Ministry of National Defense; Ministry of Legislation and a Member of the Presidential Committee for the Inspection of Collaborations with Japanese Imperialism. He has published *Legal Problems of Inter-Korea Economic Cooperation*, Seoul: Jipmoondang, 2003; *The Era of Korean Unification and Law*, Seoul: Chung-Ang Univ. Press, 2003; *The Solution for Unreturned Prisoners of Korean War*, Seoul: KINU, 1999; *Korean Demilitarized Zone*, Seoul: Seoul Press, 1997; and *Inter-Korean Special Relations*, Seoul: Hanul, 1995.

Kim, Sung-Min

M. A. in Literature Chung-Ang University. B. A. Kim Hyung-Jik College of Education, North Korea.

Kim, Sung-Min is the Director of Free North Korea Radio. He is working as the President for the North Korean Defectors' Association. He served as a Captain in the North Korean Army(Propaganda Corps). After defecting to South Korea, he attended the Graduate School of Literature at Chung-Ang University. He has published *Are Songs of Hometown Always Sad?*, Seoul: Dasi Press, 2004.

Nam, Joo-Hong

Ph. D. in Politics, London School of Economics and Political Science, University of London.

Nam, Joo-Hong is a Professor at the Graduate School of Political Studies, Kyonggi University. He has worked as a Researcher at the Center for International Affairs, Harvard University, USA; Professor at National Defense University; and Vice Secretary-General of the National Unification Advisory Board. He has published *Unification without Vision*, Seoul: Random House-Joongang, 2006; *War and Peace on the Korean Peninsula*, Seoul: Hakmoonsa, 1999; *A Road to the Unification, an Expected Chaos*, Seoul: Palbokwon, 1995; and

America's Commitment to South Korea, Cambridge University Press, 1986.

Nam, Sung-Wook

Ph. D. in Economics, University of Missouri-Columbia, USA.

Nam, Sung-Wook is a Professor at the Department of North Koreanology, Korea University. He has worked as the Chairman for Korea Northern Area Study Association; Vice-Chairman for the Inter-Korea Economic Association; Chairman for the Institute of North Korean Agriculture; and Research Director for the Korean Association of North Korea Studies. He has published *Contemporary Food Shortage of North Korea and Reform of Collective Farm*, München: Verlatze, 2006; *Socialism and North Korean Agriculture*, Seoul: Bibong, 2002(Co-author); *The Strategy of IT Industry Development and Building of Strong State in North Korea*, Seoul: Hanul, 2002 and *The Traits of North Korean Economy and Application System of Economy*, Seoul: Hakmoonsa, 2002(Co-author).

Park, Kwan-Yong

Hon. Ph. D. in Politics, Dong-A University.

Park, Kwan-yong is the Chairman of the National Development Institute. He has served as Speaker of the National Assembly as 6 term Representative from Dong-rae District in Pusan. He has also served as Acting President of the Grand National Party, Chairman of the National Unification and Foreign Affairs Committee of the National Assembly, Chief of Staff to the President Kim Young-Sam at the Blue House, Representative for the North-South Parliamentarians Meetings, Secretary-General of the New Korea Party, etc. He has published a lot of books including *Korean Unification is Coming like an Avalanche*, Seoul, Kyungduk, 2006; *I Will Take the Gavel, If an Impeachment Motion Comes up Again*, Seoul, Achim-nara, 2005; *My Life, My Dream and National Unification*,

Seoul, Joong-Ang M&B, 2003; *Shocks and Crises*, Seoul, Orum, 2000.

Park, Hyun-Sun

Ph. D. in Sociology, Ewha Womans University.

Park, Hyun-Sun is a Professor of North Korean Studies at Korea University. She has worked as a Researcher on North-South Relations at the Korea Institute for Future Strategies; Director for the Korean Association of North Korean Studies; Director for the Seoul-Pyeongyang Academic Society; and Member of the Advisory Committee to the Ministry of Unification, Seoul, Korea. She has published *Contemporary North Korean Society and Family*, Seoul: Hanul, 2003 and *A Half of Ourselves, North Korea: 100 Questions and 100 Answers*, Four Seasons, 1992(Co-author).

Suh, Jae-Jean

Ph. D. in Sociology, University of Hawaii, USA.

Suh, Jae-Jean is a Senior Researcher at the Korea Institute for National Unification(KINU). He has worked as the Director for Division of North Korea Studies at KINU; Director for North Korea's Human Rights Research Center; and Member of the Advisory Committee to the Institute for Defense Analysis, USA. He has published *Betrayal of the Juche Ideology*, Seoul: Pakyoungsa, 2006; *Changing North Korea from Food Shortage to IT Industry*, Seoul: Jisikmadang, 2001 and *The Second Society in North Korea*, Seoul: Nanam, 1995.

Yoo, Ho-Yoel

Ph. D. in Political Science, Ohio State University, USA.

Yoo, Ho-Yeol is the Dean of Graduate School of Public Administration, Korea University. He has worked as the Managing Director for the Korean Political Science Association and as the

Director for the Korean Association of North Korean Studies. He has published *Construction and Frustration of Socialism in North Korea,* Seoul: Thinking Tree, 2005; *North Korea's Policy on Overseas Koreans,* Seoul: Jipmoondang, 2002(Co-author); *National Reconciliation and Inter-Korean Relations,* Seoul: Eulyoo, 2001(Co-author); and *North Korea and its System,* Seoul: Eulyoo, 2000(Co-author).

Peter M. Beck

Ph. D.(A. B. D.) in Comparative Public Policy and International Relations, University of California at San Diego.

Peter Beck is the Northeast Asian Director at the International Crisis Group in Seoul, Korea. He has worked as an Academic Coordinator for the International Career Associates Program, IR/PS, UCSD; Special Projects Coordinator and Lecturer at the U. C. San Diego Extension; Columnist of Dong-A Ilbo, Seoul, Korea; Director of Research, Korea Economic Institute, Washington, D. C.; and Adjunct Faculty Member of Georgetown Univ., American Univ., Yonsei Univ. and Ewha Womans Univ. He is currently a Member of the Advisory Committee to the Ministry of Unification in Seoul, Korea.

Andrei Lankov

Ph. D. in Korean History, Leningrad National University, Russia.

Andrei Lankov is a Professor of Korean History at Australian National University. He is currently working as a Visiting Professor at Kookmin University, Korea. He has published *Crisis in North Korea: the Failure of De-Stalinization,* 1956, USA: University of Hawaii Press, 2004; *From Stalin to Kim Il Sung: the Formation of North Korea,* 1945-1960, USA: Rutgers University Press, 2002; and *Contemporary Political History,* Seoul: Orum, 1995.

ontents

Acknowledgement

Introduction: Importance and Necessity of a Contingency Plan
for North Korea's Crisis   Park, Kwan-Yong

Chapter 1

North Korea's Crisis: Political and Diplomatic Aspects: Scenarios
and Contingency Plan   Yoo, Ho-Yeol
  1. Grand Transition of Socialist Blocs and North Korea
  2. North Korea's Situation and Crisis Scenarios
  3. Neighboring Nations' Approaches to the Crisis of North Korea
  4. South Korea's Contingency Plan
  Q & A
  NDI Perspective

Chapter 2

North Korea's Crisis and Contingency Plan: Military Aspects

Baek, Seung-Joo

1. Introduction
2. Feasible Crises of North Korea
3. North Korea's Crisis and International Law
4. Third Countries' Military Intervention and Its Patterns
5. Contingency Plan: Military Aspects
6. Conclusion

Q & A

NDI Perspective

Chapter 3

Crisis of Korean Peninsula and Efficient Contingency Plan: Economic Aspects

Nam, Sung-Wook

1. Introduction
2. Outbreak of Crisis and Economic Disorder of Two Koreas: Danger or Opportunity?
3. Economic Disorder, Refugee Management Plan, and Stabilization Measures for North Korea: Early Settlement or Disorder?
4. Stabilization Measures for South Korean Economy: Minimizing Shock/Impact
5. Conclusion

Q & A

NDI Perspective

Chapter 4

North Korea's Crisis and Contingency Plan: Socio-Cultural Aspects
Seo, Jae-Jin

1. Introduction
2. Concept and Definition of the Crisis Situation
3. Probability of North Korea's Crisis
4. North Korea's Crisis and Contingency Plan: Socio-Cultural Aspects
5. Basic Guidelines for Management Plan after the Launch of a New Regime
6. Socio-Cultural Plans to Reunify Two Koreas from a Long-term Perspective

Q & A

NDI Perspective

Summing-up Discussion

Drastic Situational Changes in Northeast Asia and Survival Strategy for Korea

Jhe, Seong-Ho / Nam, Joo-Hong / Lankov, Andrei / Hong, Jung-Pyo / Kim, Seong-Min

# Acknowledgement

NDI(National Development Institute) was established in October, 1996 by a number of former government ministers and vice ministers. Over the past 10 years, NDI has had its ups and downs and its share of trials and errors. The aspirations of those of us here at NDI to devote ourselves to national development and social security may have gotten weaker over time, but our passion and love for the country, however, have never weakened.

NDI is not an institute that limits its research to any one particular field. Each and every member's experience of having served as a senior official in the national government for more than 30 years is one of NDI's greatest assets. That, along with each member's vast experience and knowledge, has assisted NDI in its main goals of not only providing the national administration with fresh vigor, but also in helping restore the current administration's balance and stability from its own imprudence. Another of NDI's goals includes the synthesizing of research materials from other fellow domestic and international research organizations as well.

Reunification and North Korean-related issues have become one of the most important issues of discussion and call for aggressive and active study. However, from the last administration there has been an undesirable shift in the academic and political climates. This has given rise to a situation where people are being misled due to the existence of an unbalanced view, causing them to make the serious mistake of overlooking matters critical to our nation's survival itself. Given the fact that reunification is expected by all sooner or later, Contingency Study is not only an essential subject for the mere existence of the nation, but also a minimum requirement that will help to ensure the nation's sustainability. Unfortunately, its study has been almost all but lost in the midst of an ineffectual discourse on ideology.

NDI has been carefully considering what our society's most urgent issue is − that is, what have we missed and where does the greatest crisis we have to confront come from? After much consideration, we have come to the decision of giving main priority to Contingency Plan Study with regard to North Korea as the main subject for the next three years. Contingency is defined here as any situation that has the possibility of causing great or radical changes in the political, economical, social and cultural areas of South and North Korea. North Korea's recent nuclear tests may inevitably prompt not only a crisis in the North Korean system, but may also cause a radical shift in our nation and in the entire balance of North-East Asia. Before establishing a specific and long-term course of study, NDI decided to hold its 10th anniversary academic conference to inform people of the importance and urgency of this issue.

The conference "Contingency Plan for North Korea's Crisis" was held at the 100th Anniversary Samsung Memorial Center in Korea University on Sept. 20, 2006, under the joint auspices of the Center for North Korean Studies of Korea University, sponsored by the Federation of Korean Industries and Dong-A Ilbo. The present book consists of articles and summaries presented at the conference. We are very proud to have virtually raised the issue of Contingency Plan Study, although we do feel the discussion still lacks detailed measures, that is, treatment of the issue has remained general and macroscopic in its scope thus far.

The response to the conference was far more positive and enthusiastic than we had expected. Many people showed their concerns about the future of our nation and society(this was also far more than we had anticipated) and agreed that Contingency Plan Study is critical if we hope to turn potential crisis into potential opportunity. Due to the large number of requests for conference materials for further reference, we went ahead and decided to publish the articles that were presented at the conference. We hope this book can contribute by giving the country a guideline for national security. Also, we hope it will help restore a balance in our society in regards to views on reunification and North Korean issues.

NDI, assuming a general national consensus on the need for "Contingency Plan Study," will continue to develop the study through joint projects with many capable research organizations within the country as well as those in the US, Japan, China, and Russia, knowing full well the importance of international cooperation. We eagerly look forward to your encouragement and support.

December, 2006
Director, NDI
Kim Suk-Woo

저자소개

김성민(金聖玟)

자유북한방송 대표

북한 김형직사범대학 작가양성반 졸업, 중앙대학교 문예창작과 대학원
북한 인민군 대위, 군단예술대 선전대 작가, 1999년 한국 입국, 탈북자 동지회 회장
『고향의 노래는 늘 슬픈가』(도서출판 다시, 2004) 외 다수

남성욱(南成旭)

고려대학교 북한학과 교수

미국 미주리주립대(University of Missouri-Columbia) 응용경제학 박사
남북경제연합회 부회장, 북한경제포럼 연구이사, 북한농업연구회 이사, 북한연구학회 총무이사, 통일농수산포럼 연구이사, 북한경제전문가 100인포럼 이사
Contemporary Food Shortage of North Korea and Reform of Collective Farm (München: Verlatze, 2006), 『현대 북한의 식량난과 협동농장 개혁』(한울아카데미, 2004), 『북한의 정보통신(IT) 발전전략과 강성대국 건설』(한울아카데미, 2002), 『북한경제의 특성과 경제운용방식』(학문사, 2002, 공저), 『사회주의와 북한농업』(비봉출판사, 2002, 공저) 외 다수

남주홍(南柱洪)

경기대학교 정치전문대학원 교수

런던대 정치경제학부 국제정치학 박사
미 하버드대 국제문제연구소 연구위원, 국방대학원 교수, 국가안전기획부 안보통일 보좌관, 민주평화통일자문회의 사무차장, 경기대학교 정치전문대학원장 역임
『통일은 없다: 바른 통일에 대한 생각과 담론』(랜덤하우스 중앙, 2006), 『한반도의 전쟁과 평화』(학문사, 1999), 『통일의 길 그 예고된 혼돈』(팔복원, 1995), *America's Commitment to South Korea*(UK: Cambridge University Press, 1986) 외 다수

박관용(朴寬用)

21세기 국가발전연구원 이사장, 동아대학교 명예정치학 박사
국회의장, 한나라당 총재권한대행, 국회통일외교위원장, 대통령 비서실장, 남북국회회담 대표, 신한국당 사무총장 역임
『통일은 산사태처럼 온다』(경덕, 2006), 『다시 탄핵이 와도 나는 의사봉을 잡겠다』(아침나라, 2005), 『나의 삶, 나의 꿈 그리고 통일』(중앙 M&B, 2003), 『충격과 위기』(오름, 2000) 등 저서 다수

박현선(朴炫宣)

고려대학교 북한학과 겸임교수
이화여자대학교 사회학 박사
BK21 핵심분야(사회학) 박사연구원, 미래전략연구원 남북국제연구위원, 북한연구학회 이사, 서울 평양학회 이사, 통일부 교류협력분과 정책자문위원
『북한 경제개혁과 사회변화』(높이깊이, 2006, 공저), 『현대 북한사회와 가족』(한울, 2003), 『우리들의 절반 북한 백문 백답』(사계절, 1992, 공저) 외 다수

백승주(白承周)

한국 국방연구원 안보전략연구센터 대북정책실장
경북대학교 정치학 박사

현 통일부 자문위원, 현 한국정치학회 안보분과 위원장
국방연구원 북한연구실장, 베이징대학교 방문교수, 한국정치학회·국제정치학회 상임이사 역임
『2006 북한체제의 강약점 평가』(한국국방연구원, 2006), 『북한의 돌출행동 및 돌출상황시 대응방향』(한국국방연구원, 2004), 『북한의 핵보유 이후 안보정책조정 방향』(한국국방연구원, 2003) 외 다수

서재진(徐載鎭)

통일연구원 선임연구위원

미국 하와이대 사회학 박사

통일연구원 북한연구실장, 정책연구실장, 북한인권연구센터 소장, 미국 American University 객원연구원, 미국 국방연구원(IDA) 자문위원, 이화여대 북한대학원 및 경희대 강사 역임

『주체사상의 이반-지배이데올로기에서 저항이데올로기로』(박영사, 2006), 『세계체제이론으로 본 북한의 미래』(황금알, 2004), 『식량난에서 IT산업으로 변화하는 북한』(지식마당, 2001), 『또 하나의 북한사회』(나남, 1995) 외 다수

유호열(柳浩烈)

고려대학교 행정대학원 원장, 고려대학교 북한학과 교수

미국 오하이오 주립대학교 정치학 박사

민족통일연구원 연구조정실장, 북한연구학회 부회장(2006), 아태정치학회 부회장(2006), 한국정치학회 총무이사(2005), 한국국제정치학회 연구이사(2002) 역임

『북한사회주의 건설과 좌절』(생각의 나무, 2005), 『북한의 재외동포정책』(집문당, 2002, 공저), 『남북 화해와 민족 통일』(을유, 2001, 공저), 『현대북한체제론』(을유, 2000, 공저) 외 다수

정영태(鄭永泰)

통일연구원 북한연구실 선임연구위원

프랑스 파리 1대학 국제정치학 박사

제3세계 정치연구소 연구위원 역임

『북한의 핵 폐기 가능성과 북·미관계』(통일연구원, 2004), 『북한의 국방위원장 통치체제의 특성과 정책전망』(통일연구원, 2001) 외 다수

제성호(諸成鎬)

중앙대학교 법학과 교수

서울대학교 법학 박사

육군사관학교 전임강사, 통일연구원 북한경제사회연구실장, 북한인권센터 소장, 통일부 정책자문위원, NSC 정책전문위원 역임, 현재 법무부, 국방부, 법제처 정책자문위원, 국정원 대테러자문위원, 대검찰청 공안자문위원, 친일반민족행위진상규명위원회 위원 겸임

『남북경제교류의 법적 문제』(집문당, 2003), 『통일시대와 법』(중앙대학교출판부, 2003), 『한반도 평화체제의 모색: 법규범적 측면을 중심으로』(지평서원, 2000), 『미귀환 국군포로문제 해결방안』(통일연구원, 1999), 『한반도 비무장지대론』(서울프레스, 1997), 『남북한 특수관계론』(한울아카데미, 1995) 외 다수

홍성국(洪性國)

극동문제연구소 북한연구실장

러시아 사회과학원 경제학 박사

통일부 사회문화교류국 사회문화심의관 역임

『평화경제론』(다해, 2006), 『자력갱생의 기로-북한경제 이론과 실제』(피씨라인, 2005) 외 다수

홍정표(洪俥杓)

미야자키 국제대학(日本宮崎國際大學) 교수
베이징 대학 국제관계대학원 정치학 박사
KDI School Fellow 및 조교수, Michigan State University 방문학자, Georgetown University 연구교수 역임

안드레이 란코프(Andrei Lankov)

호주 국립대학교 한국사 교수
레닌그라드 국립대 한국사 박사, 평양 김일성종합대학 연수
구소련 레닌그라드 출생, 국민대학교 초빙교수 역임
Crisis in North Korea: The Failure of De-Stalinization, 1956(USA: University of Hawaii Press, 2004), *From Stalin to Kim Il Sung: The Formation of North Korea, 1945-1960*(USA: Rutgers University Press, 2002), 『북한현대정치사』(오름, 1995) 외 다수

피터 벡(Peter Beck)

국제위기감시기구(ICG) 동북아사무소장
UC 샌디에이고 국제관계 및 태평양연구 대학원 박사
미국 캘리포니아대학교 샌디에이고 캠퍼스 전임강사, 한국국제교류재단 통역가, 국회 비서관, 통일부 정책평가위원, 워싱턴 한미경제연구소 연구실장, 조지타운대·아메리칸대 겸임교수 역임, 동아일보 칼럼니스트(2001~2004), 이화여대 겸임 교수 역임

한울아카데미 919
북한의 급변사태와 우리의 대응

ⓒ 박관용, 2007

지은이 | 박관용 외
엮은이 | 21세기국가발전연구원(NDI)·고려대학교 북한학연구소
펴낸이 | 김종수
펴낸곳 | 도서출판 한울

초판 1쇄 발행 | 2007년 1월 30일
초판 3쇄 발행 | 2010년 7월 15일

주소 | 413-832 파주시 교하읍 문발리 507-2(본사)
      121-801 서울시 마포구 공덕동 105-90 서울빌딩 3층(서울 사무소)
전화 | 영업 02-326-0095, 편집 02-336-6183
팩스 | 02-333-7543
홈페이지 | www.hanulbooks.co.kr
등록 | 1980년 3월 13일, 제406-2003-051호

Printed in Korea.
ISBN 978-89-460-4316-9 93340

* 가격은 겉표지에 표시되어 있습니다.